升维思考

比问题
高一个维度
找答案

曾颖 著

北京时代华文书局

图书在版编目（CIP）数据

升维思考 / 曾颖著. -- 北京 : 北京时代华文书局,
2025.6. -- ISBN 978-7-5699-6139-3

Ⅰ.B821-49

中国国家版本馆CIP数据核字第2025RJ1494号

SHENGWEI SIKAO

出 版 人：陈 涛
策划编辑：樊艳清 王凤屏
特约策划：薛纪雨 潘孝莉
责任编辑：王凤屏
责任校对：陈冬梅
封面设计：水玉银文化
责任印制：刘 银

出版发行：北京时代华文书局 http://www.bjsdsj.com.cn
北京市东城区安定门外大街138号皇城国际大厦A座8层
邮编：100011 电话：010-64263661 64261528

印 刷：北京温林源印刷有限公司
开 本：710 mm×1000 mm 1/16 成品尺寸：165 mm×235 mm
印 张：13 字 数：158千字
版 次：2025年6月第1版 印 次：2025年6月第1次印刷
定 价：58.00元

破局之道：升维思考

——题诗长江商学院EMBA曾颖同学《升维思考》一书付梓

2025年3月13日

在一个不完美的世界里，如何找到最有可能实现的美好，让自我、让他人、让天地，均获心灵之自由，并产生大江大河、大山大海的胸襟气度，本书提供了寻觅还未认知到的自我破局之道，我题赠五律诗一组：

两亩三分田，茫茫天地间，
纷繁人际隙，琐碎事机端，
闭眼修罗场，抬头朋友圈，
合分总计较，义利难双全。

一旦成年后，人生加速旋，
发心孤下注，悦己自翩跹，
成败一杯酒，浮沉一阵颠，
但参破局道，俯仰浮云闲。

——周宏桥，诗人、剧作家、学者、极客，北大、复旦、长江商学院EMBA创新课程教授

目 录

第一章

认知升维：人生晋级的加速引擎

01

保持开放与谦逊

请你带着这些问题阅读：

1.什么是邓宁-克鲁格效应？

2.为什么避免出现邓宁-克鲁格效应在职场上至关重要？

3.如何避免掉入邓宁-克鲁格效应的陷阱？

朋友A最近经常跟我诉苦。他曾经是房地产行业的高管，有公司的配车和助理，风光无限，他很自然地觉得自己特别了不起。但随着近年行业下行，公司为了降本增效，对他这样的高层也毫不留情，没过多久就直接把他“优化”掉了。家里的日常开销、车贷、房贷，这些重担压得他喘不过气来。不巧家里老人又生病了，真是屋漏偏逢连夜雨。他整天呆坐在咖啡馆，装作还在上班，对自己已经失业的事不敢透露半分。

朋友A的故事让我非常感慨，已经晋升到如此高位却还是免不了遭遇这样的“中年危机”。达尔文曾说过：“无知要比知识更容易产生自信。”这与邓宁-克鲁格效应不谋而合。朋友A并非无知，只是人在高位久了，听多了阿谀奉承，难免产生自我认知盲区，进而盲目自信。在职业生涯的旅途中，邓宁-克鲁格模型不断提醒我保持开放与谦卑。正是这份警醒，让我在职业生涯的每一个转角，都能实现智慧与能力的飞跃。

一、邓宁-克鲁格效应：揭秘认知偏差

邓宁-克鲁格效应是由康奈尔大学心理学家大卫·邓宁（David Dunning）与他的研究生贾斯汀·克鲁格（Justin Kruger）研究发现的。（如图1所示）它是一种认知偏差现象，往往发生在能力欠缺的人身上。他们高估自己的能力水平，做事欠考虑，总是不懂装懂。他们也无法客观评价他人的能力，经常对别人的工作指手画脚。

邓宁-克鲁格效应主要发生在两大类人群中：

第一种：倚老卖老型。他们可能是你的上司或者年龄比你大的同事，他们并不专业，但喜欢仗着年龄和资历对你的工作指指点点，想要外行指挥内行。

我有个程序员朋友小M，最近可真是被他的直属领导给折腾坏了。这个领导虽然在管理层摸爬滚打十多年，可对计算机、代码这些，真是七窍通了六窍——一窍不通，偏偏又爱摆出一副“老资格”的样子。记得早些

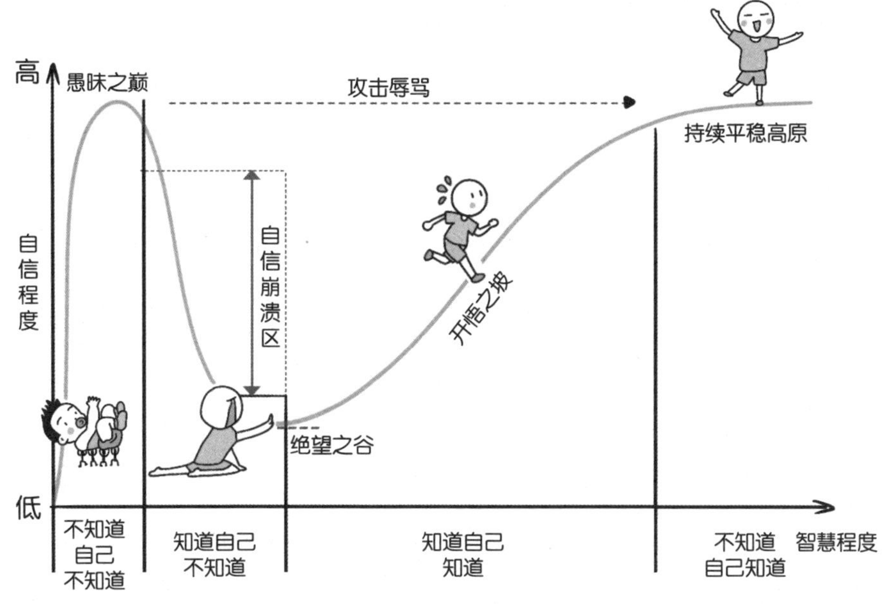

图1 邓宁－克鲁格效应图

年，小M的这个领导还挺谦虚的，知道自己不懂专业，也就不怎么插手专业的事。可近几年，这个领导大有一种多年媳妇熬成婆的心态，开始频繁地干涉起小M的工作来。最让人头疼的是，他总是以“省电”为名，不管三七二十一就把电脑给关了。小M有好几次都不得不重新跑程序，致使工作不能及时完成，简直是苦不堪言。

第二种：“一瓶子不满，半瓶子晃荡”型。有些职场新手工作一段时间后，对问题一知半解，却过度自信。有调查显示：新手医生一开始是谦虚的，但在诊断了一些病人之后，会高估自己的诊断准确率，他们认为自己诊断的准确率为73%，但实际上还没有达到及格线。

二、现实中无处不在的邓宁-克鲁格效应

我要写邓宁-克鲁格效应是因为它非常重要，它不仅具有重要的社会意义，对个人职业生涯的成长也具有深远的影响。

还是我的朋友小M公司发生的事。他们公司之前招了两个实习员工：一个本科生，毕业于国内大学；一个研究生，准备留学，疫情原因要留下来工作一段时间。

国内本科毕业的实习生面试的时候特别自信，毕竟他之前在大厂实习过，对自己的专业技能挺有把握。但他可能太自信了点，工作时敷衍了事，得过且过，还花很多时间挑剔公司食堂，在朋友圈里发牢骚。一个月下来，他的工作表现特别让人失望，任务大多没完成，偶尔完成的那一两件，成果也一般般，最后公司只好让他离开了。反观那个准备出国深造的实习生，学历挺高，且从不骄傲自满。他工作起来也特别认真，总能提出一些关键问题；遇到不懂的，也愿意积极学习。他不仅顺利完成了自己的任务，还能给项目提些好建议，工资自然也涨了不少。

职场生态是脆弱与多变的。有些人很早就意识到了这一点，提前做了准备，成功换了工作；有些人反应慢了点，只能接受失业的现实。

我社群里有个学员，之前是做教育培训的老师。当这个行业刚开始走下坡路，家长们和社会的不满声音也越来越大时，她果断做出改变。她没有一直留恋过去的成绩，而是利用业余时间学了编绳手艺，慢慢在手工艺界站稳了脚跟，现在正忙着打造自己的品牌。不过，她的一些前同事就没

那么顺利了。受政策影响，教培行业急转直下后很久，他们才反应过来，现在还在努力找工作。

在职场上，我们得保持清醒，别让自己掉进盲目自信的坑。同时，也需要留意行业和公司的动向，别等到行业已经非常不景气了，自己还一无所知。最近几年，有些行业变化特别快，也就三四年的时间，行业的外部环境、客户情况、政策方向都发生了巨变。有一些职场人没有及时打开认知之门，还躺在过往的功劳簿上，误把时代红利或运气当成自己的实力，在变化来临时，站在愚昧之巅，没有看见扑面而来的“灰犀牛”①，导致最后面临失业或降薪的困局。

三、如何跨越“愚昧之巅”，走向“开悟之坡”？

那么，我是怎样让自己跨越“愚昧之巅”，更快地打破原来的思维惯性，走向“开悟之坡”的呢？

1. 跨越愚昧之巅：洞见自我局限

有位名人曾说：“人生最大的挑战是不断超越自我。”只有认识到自己有局限，才能突破局限，实现超越。我有一位富二代朋友小G总，他的父亲早年间累积了巨额财富，4S连锁店已经开了上百家。疫情防控期间，他

① “灰犀牛”这一概念由美国学者米歇尔·渥克提出，用来描述那些高概率发生，但往往被忽视的重大风险事件。

们没有注意到现实情况的变化，一如既往地沉浸在过去成功的惯性思维里，仅仅三年，家里的财产和生意都遭受了巨大的损失，家境大不如前。

在过往的职场经验中，因为有邓宁-克鲁格效应的提醒，每当觉得一切顺风顺水的时候，我就会问自己：我是真的无所不能了，还是处于一种盲目自信的状态？

这样的自问自省极为重要。从外企踏入互联网头部公司，我经历了一场深刻的认知蜕变。在外企，我见证了严谨而完善的管理系统。我当时觉得外企的管理体系既成熟又成功，移植到新公司一定能取得非常好的效果。没想到，这套东西在新公司并不好用。互联网头部公司的管理层级不多，大家都更倾向于团队合作以及沟通交流。我慢慢意识到，管理方法不是一成不变的，不能一套方法用到底，要根据公司的发展阶段来调整。管理需要灵活变化，既是科学也是艺术，不能死板。这让我从一开始的固执变得头脑开放了。

我时常提醒自己，一定要清醒地看见自己、看见事实。“知之为知之，不知为不知，是知也。”正如这句古语所言，我们得敢于承认自己有不懂的地方，接受自己还有进步的空间这一事实。这样，我们才能避免因为太自信而看不到自己的问题，通过不断学习，让自己变得更聪明、更懂得怎么正确认识自己。

2. 对话牛人：拓宽认知视野

认知和投资一样，是一种复利。非洲有一句谚语：即使最灵敏的人也看不见自己的背脊。提升认知的一个有效方法就是见牛人。在我看来，所谓的“牛人”并不局限于传统意义上的成功人士，而是任何我认为值得学习的人。我喜欢与他们交谈，从他们身上汲取知识和能量。我曾经把“见牛人”写在我的年度目标中：1年见10位CEO。那年，我也的确达成了这个目标。

一位商界的大佬邀请我帮忙创建一所企业大学。我们有过一次深入的聊天，我被他的魅力深深打动，尤其是他的谦逊和广阔的视野。当他谈到建立大学的构想时，我深受震撼。在众人纷纷追逐互联网风潮时，他却选择关注那些历经风雨的传统企业。他所展现的胸怀格局，以及守望同行、助益社会的精神，让我非常敬佩。我们聊了一个多小时，他一直微笑着，不仅分享他的看法和梦想，还愿意倾听我的想法，不会因为我年轻或不够专业就否定我。他让我懂得，真正厉害的人不会因为自己知识渊博而自大，而会因为知道学无止境而卑以自牧。就像张一鸣，虽然他已经非常有影响力，但仍然愿意接受来自一线同学的批评和建议，这种开放的态度是他的企业能够做大做强的重要原因。相比之下，有些老板或经理人一旦成功了，就容易自满，变得封闭。

一旦你打开了认知的大门，就能看到更广阔的世界。方向对了，行动就会更有效。这也是我在不同公司都能取得好成绩的原因。

为什么越无知的人越自信？邓宁-克鲁格效应告诉我们：当我们的认知不全面、不客观的时候，很容易高估自己，从而陷入盲目自信。避免盲目自信，就是要时刻提醒自己，不要总认为自己是对的，别人都是错的。

要深入了解事物的本质，多角度思考问题。放下成见，保持像新手一样的好奇和探索精神，勇于质疑自己。我们要记住邓宁－克鲁格效应，时刻保持开放和谦逊的心态，不要因为失败而灰心，而要不断提升自我，让晋升之路不仅速度飞快，更要稳健致远。

【升维时刻】

1. 如何有效运用邓宁－克鲁格效应来评估自己在特定领域的能力，并据此制订学习计划？
2. 你怎样保持自信不过头，同时在沟通中尊重他人？
3. 你打算如何在日常活动中培养批判性思维，以提高决策能力？

02
快速发现自己的优势并发挥出来

请你带着这些问题阅读：

1. 什么是MBTI（迈尔斯-布里格斯类型指标）？盖洛普优势测试又是什么？

2. 两大心理测试对我们普通人来说有什么样的意义和价值？

3. 如何运用这两大测试为自己和他人赋能？

“我是谁？我从哪里来？又要到哪里去？”这不仅是哲学的终极问题，也是自我大冒险的起点。

做人力资源管理这行，让我接触了不少心理测试和性格分析。这些测试不仅帮助我在工作上升职加薪，还让我更懂自己、更懂他人，人际关系也处得更好。尤其是MBTI测试和盖洛普优势测试这两个模型，它们对我来说特别有用，为我提供了宝贵的自我认知价值，还指导我在职场上组建卓越的团队。

一、两大模型帮你认知自我

1. MBTI测试——人格测试者

MBTI测试能帮我们更清楚地认识自己的特点和倾向。这种人格分类方法在全球很流行，在规划职业发展、建设团队，甚至在婚姻和教育上都能派上用场。

拿我自己来说，我的MBTI测试结果是ENFP。这个测试中的“F”就是Feeling，意味着我特别看重自己的感受，做事情时感性思维占主导。早年我的老板想让我去做销售，费了不少口舌劝我，但我试了之后发现并不合适。销售需要很理性，得马上看到业绩，有时候为了业绩，销售员可能得说些自己不完全认可的话。但我做不到，我必须说真心话才行，否则我得难受好久，所以最后我还是回到了人力资源部门。在人力资源这块儿，我能很好地理解别人的感受，和别人沟通起来更顺畅，推进工作也更容易。

2. 盖洛普优势测试——优势发现者

有位名人曾说：“成功的关键在于发挥自己的优势，而不是克服弱点。”快速找到自己的优势，对于做好长远的职业规划非常关键。盖洛普优势测试就是一个用来找到长处的心理学工具，这个工具用起来很简单，也很直观。这个测试告诉我，我在制订计划和把握大局方面特别强，我能够很快地想出应对策略。但我在细心和谨慎方面不太行，不太擅长处理那些特别细致的工作。而且，我在做决定时，比较容易冲动。所以我的团队里需要有那种很细心、很谨慎的人，他们可以帮助我分析风险，控制好节奏。用盖洛普优势测试这个工具，你可以很快地发现自己的优势和劣势，根据这些信息来规划你的职业道路，这样你在工作上就更有竞争力。

二、如何突破认知迷雾，解锁自我潜能？

1.职业选择：找到才干与现实的完美结合

MBTI测试帮我们了解自己的性格特点，盖洛普优势测试帮我们找出自己的才能。但要想让这些才能产生实际的成果，我们得将其用于个人职业选择和职业规划上。人永远不要做自己不擅长的事。我们得找到最适合自己的工作，把自己的优势发挥出来，这样才能在事业上取得长久的发展。约翰·库斯克曾说：不要试图超越自己的极限，而是发挥你所擅长的事情。

朋友J小姐之前是做销售的，她很年轻，工作也特别拼，但业绩总是上不去。她的MBTI类型是INFP，盖洛普优势测试中她的“交往”和“适应”分数都很低，这两项测试都表明她不太擅长与人交流。销售这项工作最重要的就是得会说，所以每次客户不买账，她就得比别人多花很多精力。后来我给她建议，让她根据盖洛普优势测试中得分最高的“理念”能力，找到自己的长处，再结合MBTI测试的结果，换份工作。现在她成了一名很棒的设计师。学会运用MBTI测试和盖洛普优势测试找工作，能让你的职业生涯少走弯路。

2.寻找伴侣：减少磨合成本，提升幸福指数

柏拉图对寻找伴侣的理解是这样的：不但要用眼睛，也要用耳朵去选择爱人。有句话说得好，想要知道两个人是否合适，一起进行一次长途旅行就能见分晓。从规划行程开始，不同MBTI性格类型的人在处理事情上的方式会大相径庭。

我的朋友E女士和她丈夫计划去旅行，两人还没出发就因为怎么花钱吵了起来。E女士觉得花钱就应该随心情，特别是旅行的时候；但她丈夫觉得事先计划好怎么花，旅途才会更顺利。因为这个问题，他们的旅行计划一拖再拖，直到第二年休假才终于成行。好在他们俩都很擅长控制情绪和沟通，现在仍然甜甜蜜蜜。如果你想找到一个合适的伴侣，减少磨合成本，MBTI测试可以帮你大忙。

你有没有注意到，在挑对象的时候，光是找那些和你很像的人是不够的。E女士和她丈夫在花钱上确实有不同的看法，但这些不同其实也是他们幸福生活的一部分。E女士在盖洛普优势测试中“理念”得分挺高，她喜欢把家里弄得漂漂亮亮的，不过她花钱有点随意。她丈夫的“审慎”得分比较高，在这种时候就会帮她分析，怎么在预算有限的情况下，买到既实用又能提升生活品质的东西。所以测试的目的可能并非为了找到与自己完全一致的人，而是通过测试让彼此更加了解，也能更快地建立起边界感和底线意识，从而减少磨合的时间和成本。

3.培养孩子：发现孩子的天赋，帮他培养受益终身的兴趣爱好

我刚开始当妈妈那会儿，给孩子报了一大堆兴趣班，英语、古琴、篮球、游泳、画画……孩子忙得不可开交。这些班花了不少钱，但孩子不仅没觉得好玩，反而觉得是负担，整天在家闹脾气。我总想孩子多学点东西，将来对他的成长能有所助益，但这些班真的适合他吗？能激发他的兴趣吗？自我怀疑过后，我尝试用MBTI测试和盖洛普优势测试帮孩子选兴趣，测试结果显示，他画画特别有天赋，自己也喜欢。在之后的学习过程中，孩子因为有天赋而学起来更为轻松，也变得越来越喜欢上兴趣班。这样既省钱又省心，孩子的兴趣也得到了培养，我们的母子关系也因此得到了改善。

每个孩子都有自己的特点，教育孩子得看孩子的天赋和喜好，选适合他们的课程。我真心建议各位家长也给孩子试试MBTI测试和盖洛普优势测试，根据孩子的性格和优势，有目标地培养特长。

4.管理团队：知人知己，打造1+1＞2的团队

在团队建设中，MBTI测试这个模型非常有用，它可以帮你根据每个人的性格特点来安排适合的工作，团队的工作效率也能提高。团队的领导也可以通过MBTI测试来了解自己的长处和喜好，利用自己的长处管理起

团队来会更轻松。

在扩大团队的时候，我发现自己喜欢从全局出发，不太关注细节。所以我特意找了些分析能力强、对细节很敏感的人加入团队，保持团队的多样性，让成员之间能够相互补充。因为我自己的分析能力不是很强，所以我需要团队成员帮我梳理事情的全过程和关键点，确保工作能够顺利进行。

两大测试可以帮我们更好地管理团队。拿我自己来说，我擅长的是外向行为、战略规划和追求成就，在地产公司工作时，这些能力让我如鱼得水。但当我转到互联网行业，面对一大堆数据处理工作时，这些技能就不太用得上了，所以我尽量不去做这些工作。不过，团队里还是需要有人来做这些事的。所以，我在组建团队的时候，就会特意找一些能弥补我不足的人才，让团队成员各有所长，形成一个多样化的团队。需要注意的是，这些测试结果不是一成不变的。随着我们年龄的增长和经历的丰富，结果也会有所变化。我们可以根据这些变化来调整自己的选择。

“知人者智，自知者明”，这句话揭示了了解他人和认知自我的重要性。你意识到了吗？通过MBTI测试和盖洛普优势测试，我们可以更好地认识自己的优势和潜在的发展方向，同时也能更准确地理解他人的行为和动机。这样的自我发现之旅不仅能帮助我们在职业道路上做出更明智的选择，还能提升我们的人际交往能力，让我们在职场中更加游刃有余。让我们一起踏上这段探索自我和他人的冒险之旅，开启个人成长的新篇章吧。

【升维时刻】

1. 如何用盖洛普优势测试发现你的实际能力，增强个人竞争力？
2. 怎样利用测试结果提高团队效率和沟通水平，达成目标？
3. 根据测试结果，你如何找到最适合自己的职业道路，以提升满意度和幸福感？

03
选择大于努力，方向大于速度

请你带着这些问题阅读：

1. 什么是BLM？它带给我们哪些启示？

2. BLM对我们有哪些好处？为什么它对企业和个人都有用？

3. 怎样用BLM？它有哪些运用步骤、关键要素？

人生就像是一场冒险，每个人都希望找到适合自己的道路。在实现自己的目标前，需要规划好这条路上的每个节点，一路狂奔。

正如伟大的探险家哥伦布所说："只有找到了正确的方向，才能发现新大陆。"我们在职业生涯中，也需要找到那个能让我们确定正确方向、规划航线，顺着手中的地图找到"新大陆"的引领者，那就是BLM（Business Leadership Model，即商业领导力模型）。

一、战略蓝图助力精准规划

2006年，华为投入了3000万引进IBM的BLM，在当时的企业界和管理咨询界引起了不小的轰动，人们都在讨论华为为什么花这么多钱买这个模型。事实证明，BLM在华为快速扩张的时期发挥了极其重要的作用。直到现在，华为依然在使用这个模型来进行战略规划。管理大师彼得·德鲁克说过：当今企业之间的竞争，不是产品和服务之间的竞争，而是业务模式之间的竞争。

BLM是一个帮助企业和个人在市场竞争中取得成功的工具。这个模型分成四个部分，它们相互联系，相互支持，共同构成了一个全面的战略规划框架。（如图2所示）

BLM特别强调领导力在制定战略和执行计划时的关键作用。它基于公司的价值观，把战略规划和实际行动紧密结合，从发现问题和差距开始，激励团队朝着目标前进。这种方法让公司能够建立强大的内部驱动力，帮助公司持续成长，保持竞争优势。对我们这些职场上的人来说，BLM就像是一个指南针，帮助我们规划职业道路。它让我们清楚自己在职场上的位置，然后根据这个定位来规划自己的长远发展。通过这种方式，我们可以更有目标地工作，不断进步，实现职场跃升。

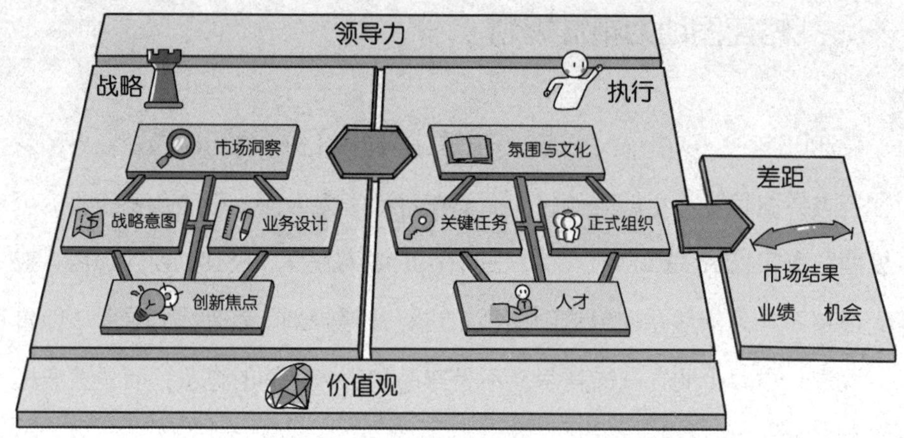

图2 BLM图示

二、企业和个人发展不可或缺的BLM

BLM给人最大的启发就是：不管是个人还是公司，都得有个既清晰又可行的计划。我们得先想清楚要什么，定个明确的目标，然后根据目标研究市场和行业的情况，找到适合自己发展的机会。

苹果公司就是用BLM来重新规划他们的产品战略的。他们注意到了大家对于智能手机的强烈需求，决定用创新技术来引领市场潮流。他们特别注重用户体验，不停地推出新版本的产品，让顾客用得更顺手。这样一来，苹果就在高端智能手机市场站稳了脚跟，成了领头羊。

我刚加入外企那会儿，在一个大团队里做人力资源。我那时候就想，要在人力资源管理这块儿做得更深入一些。到了第三年，基于战略和执行的差距，我想换个不同类型的团队，这样能积累不同的管理经验。而且，如果能在不同的地区，甚至是海外的团队里工作，那就更棒了，这样我就能接触到更多元的人力资源管理场景。

我是这么计划的，也真的这么做了。到现在，我在人力资源管理上积累了一套丰富又全面的经验，我的职位和薪资也有了让我满意的提升。你看，有时候，有个清晰的职业规划，然后一步步去实现它，真的能带来不少收获。

BLM 不只是企业能用，个人职业规划也能派上用场。掌握了 BLM 的精髓，就像是手里多了个万能工具箱，既能制定业务战略，也能解决那些复杂、需要长远考虑的管理问题。我带过一个销售管培生，他能非常熟练地使用 BLM。他给自己定了个大目标：五年内要成为销售总监。这可不是随便说说的，他可是有计划、有步骤地去实现。首先，他在两年内就做到了区域业务总管，这已经是个不小的成就了。但要想更上一层楼，他知道还得有国际视野。所以第三年他就申请调到海外，参与公司的全球业务。他不仅有明确的目标，还有清晰的路线图，执行力也是十分出色的。果然，不出所料，到了第五年，他真的坐上了销售总监的位置。

三、如何规划个人发展，让工作和生活更有秩序？

唐代刘禹锡在《为淮南杜相公论西戎表》中说道：“计熟事定，举必有功。”只学会了模型还不够，还要学会如何在职场和生活中应用它。

我给你讲讲我的朋友小C的故事。她可是金融行业的老手了，35岁，在一家大名鼎鼎的投资银行里当高级经理。不过，她可不满足于现状，她有更大的野心——未来五年内自己开公司。

小C是个行动派，她用BLM来给自己的职业发展画了个蓝图。首先，她定了个大目标：五年内创业。然后，她开始研究市场，看看金融行业的趋势，学习那些行业大佬是怎么一步步走上来的。她发现，要想成为金融界的领头羊，除了得有过硬的专业知识，还得有领导力、创新思维和敏锐的市场洞察力。

有了这些认识，小C就制订了一个详细的计划。她每个月都安排时间来提升自己，比如读金融方面的书，参加投资会议，不断给自己充电。她还打算多跟客户交流，了解他们的需求，把握市场的最新动态。

就这样，小C用BLM给自己指了条明路，找到了市场的机会，制订了个人发展计划。几年下来，她真的成了金融行业的佼佼者，并开办了自己的公司，实现了自己的职业梦想。

下面，我们总结一下BLM在个人职业发展中应用的具体步骤。

第一步：评估当前状况。

首先，你需要使用BLM来评估当前的职业水平，识别你的职业短板和面临的机会。具体来说，你应该从以下几个角度进行考量。（见表1）

表1　用BLM评估当前的职业水平

思考维度	主要问题
目　标	你的职业目标是什么？
行　为	你当前在工作中表现如何？
能　力	你拥有哪些技能和能力？
价值观	你的职业价值观是什么？
环　境	你所处的工作环境如何？

第二步：设定职业目标。

你需要根据你当前的状态，确定未来职业发展的方向，并设定目标和计划。在这一步中，你需要考虑以下问题。（见表2）

表2　用BLM确定未来的职业方向

思考维度	主要问题
发展目标	你的职业目标是什么？
发展计划	你需要采取哪些步骤来实现这些目标？
资　　源	你需要哪些资源来支持你的职业发展？
时　　间	你需要多长时间来实现这些目标？

第三步：实施行动计划。

现在得开始行动了，把你的职业规划变成现实。你得先明确你的目标，然后根据这个目标制订计划。这个计划得具体，比如你打算怎么提升技能，或者怎么扩大你的人脉。有了这个计划，你就可以一步步来了。我有个软件工程师朋友，他挺有抱负，想要成为技术团队的领头人。我建议他，得先找个有发展前景的项目，毕竟不是所有技术团队都有很好的发展前景，选错了可能就白忙活了。他听了我的建议，开始寻找机会。后来，他发现云计算这一块儿挺有潜力的，就决定专注于云服务开发。他不仅参加了一些相关的培训，还拿到了认证，提升了自己的技能。除此之外，他还参与了一些开源项目，增加实践经验。就这样，一步一个脚印，他不仅成功转型成了云解决方案架构师，现在还正朝着管理层迈进呢。

除了职业发展规划，BLM还能运用于生活中。小L是我在旅行中遇到的一个好朋友，他也做HR（Human Resources，人力资源）。他超级喜欢旅游，梦想着能环游世界，但总是因为时间和钱的问题没能成行。有一天，他灵机一动，想到用BLM来规划他的环球旅行。

说干就干，小L定了个目标：三年内至少去五个国家。他开始了解各个国家的风土人情、天气、旅游成本，想找那些既好玩儿又不会太花钱的地方。最后，他选了泰国、印度和日本作为自己的旅行目的地。

为了达成目标，小L每个月都往旅行基金里存点钱，还会提前半年买机票，这样能拿到折扣。他还通过社交媒体联系当地的旅游达人，获取一些鲜有人知的旅游小贴士。

就这样，小L用BLM把自己的旅行梦想变成了现实。三年时间里，他先是在国内四处游玩，然后去了泰国、印度和日本。我经常看到他在社交平台上分享他的旅行故事和心得，真的挺为他感到高兴的。

我还有个立志成为健身达人的朋友，他用BLM给自己的健康之旅做了个规划。他给自己定了个目标：半年内减重20斤。他先做了市场调研，发现现在挺流行间歇性禁食和HIT（High-Intensity Training，即高强度训练法）。他觉得这两个方法挺适合自己，就决定把两者结合起来，作为他的健身计划。他制订了一套详细的饮食和训练计划，每天什么时候吃饭，吃些什么，什么时候锻炼，怎么锻炼，都写得非常清楚。他还加入了一些健身社群，这样既能从别人那里获取动力，又能学到不少健身知识。最终，他不仅达成了自己的减重目标，还养成了持续健康生活的习惯。

华盛顿·欧文曾说过：选择比努力更重要，方向比速度更重要。确实，在工作与生活的征途中，BLM不仅是战略规划的利器，更是你晋升道路上的明灯。BLM帮助你绘制出一幅详尽的职业晋升地图，让你的每一步都坚实有力、每一次决策都基于深思熟虑。同时，在生活中，BLM的引入也能让你的日常安排更加有序、资源分配更加合理，为你在职场的出色表现提供坚实的后盾。

【升维时刻】

1. 如何构建一个既具前瞻性又富创新性的企业战略，确保公司处于市场领导地位及持续提高效益？
2. 如何将企业战略转化为各部门和团队的具体行动与绩效标准，实现组织协同？
3. 为了有效实施战略并达成业务目标，你会如何强化组织能力、优化流程和激发团队动力？

04
目标越清晰，行动越有力

请你带着这些问题阅读：

1. OKR是什么？它的前世今生如何？
2. OKR好在哪里？为什么要用OKR？
3. OKR的要点有哪些？

你有没有想过：为什么你的同事做工作总能那么顺利，你却总是忙得焦头烂额？董必武有言：精通一科，神须专注，行有余力，乃可他顾。不少人在忙碌中迷失了方向，或是选错了路，离最初的目标越来越远。

那段日子，正值晋升的关键时刻，我压力巨大。每天被一堆杂七杂八的事情搞得焦头烂额，任务总是完不成。我一直在想：怎么才能在精力有限的情况下，把事情做得更好，让自己在职场上更进一步？就在我头疼的时候，朋友推荐了克里斯蒂娜·沃特克的《OKR工作法》这本书。书里的OKR方法让人眼前一亮，它教你先定目标，再找关键点衡量成功。这样，你就能高效达成目标，不再是低效状态。我试着用这个方法，不仅自己的工作有了起色，后来带团队的时候，也突破了不少难关。

一、目标导向驱动高效执行

OKR（Objectives and Key Results）是一种高效的目标管理框架，它通过设定明确的目标（Objectives）和衡量成功的关键结果（Key Results）来引导个人或团队实现愿景。目标就像指南针，指引我们前进的方向；关键结果则是路标，告诉我们是否在正确的道路上。目标要定得有挑战性，能激发我们的动力；关键结果要具体明确，方便我们跟踪进度。无论是个人还是团队，用OKR都能更有效地规划和实现目标。

二、引领组织及个人飞跃的OKR战略框架

给巴菲特开私人飞机的飞行员，名叫迈克·弗林特。有一天，弗林特向巴菲特请教如何实现职业生涯目标。巴菲特让他写下25个目标，并圈出他认为最重要的5个目标。

巴菲特问弗林特：“你现在知道该怎么做了吗？”弗林特答：“知道了，我现在应该马上开始着手实现这5个目标，至于另外20个，我可以放在闲

暇的时间去完成。”巴菲特听完后说：“不，你错了。那些你没有圈出来的目标，不是你应该在闲暇时间慢慢完成的事，而是你应该尽全力避免去做的事。你只需要做好那5件你圈出来的事。”

这个故事给我很大的启发：我们整天忙忙碌碌，但什么事才是对我们最重要的呢？马克·吐温曾表示：人的思想是了不起的，只要专注于某项事业，那就一定会做出使自己感到吃惊的成绩来。人的一生其实非常短暂，区区900个格子[①]，我们要把有限的生命投入到真正重要的事上。

以企业管理为例，OKR能帮公司定方向，让团队合作更紧密，员工更有动力。比如公司A想拉高自己的市场占有率，为了实现这一目标，管理层通过OKR为不同部门设定具体的关键结果。市场部得拉来50个新客户，销售部得让销售额涨一半。大家都得把这事儿当头等大事，别的可以先放放。这样一来，各部门目标明确，员工们劲儿往一处使，团结合作，最终成功实现公司目标。

在职场上，OKR也是个挺有用的工具。我们的脑子总是转个不停，想东想西，容易分心。OKR通过设定明确的目标和关键结果，帮我们集中精力在重要的工作上。这样一来，我们做事更有条理，效率自然也就上去了。我认识一个刚入职某信用卡中心担任客服工作的小姑娘，她告诉我，她正在使用OKR提升自己的工作能力。她给自己定了个挺难的目标：让顾客满意度超过98%。为了做到这点，她定了几个关键结果：保证每个电话都能

① 假设人生75岁，一个格子代表一个月，正好是900个格子。

接通，把服务流程和话术都背得滚瓜烂熟，以及和领导多沟通。这样一步步来，她工作做得又快又好，很快就融入了团队，与没有使用OKR的同事相比，她的表现更加出色。

三、如何摒弃杂务干扰，高效完成任务？

1. OKR的运用步骤

如何运用OKR？具体步骤，参见表3。

表3　OKR的运用步骤

具体步骤	内容详述
设定明确的目标	目标必须非常明确，可衡量和可操作，然后拆分为短期的、具体的、有成果可量化的分解目标
制定KPI（关键结果指标）	KPI应该是明确的、详细的、可衡量的，并且可以通过数据进行跟踪
定期跟踪进度	每周或每月，团队应该会面，回顾每个目标的进展情况。这是团队最重要的评估和领导评估绩效的机会
调整目标	如果没能达成目标或KPI，应该及时调整目标或策略

我们团队之前遇到个大难题：不知道怎么推进项目，效率也上不去。大家都忙得焦头烂额的时候，我想到了用OKR来激发队员的潜力。我跟他们说，OKR就像个地图，帮我们看清楚要去哪儿，路上有哪些关键点。我们得一起定目标，找出通往目标的路线。为了达成这些目标，我们花了三

天三夜来制定关键结果和具体的计划。这些成果就像北极星，指引我们前进。执行的时候，我们每周开会分享进度，确保大家都朝着同一个方向努力。同时，我们还用数据来评估每个成果的完成情况。最后，我们成功实现了目标，所有人都非常高兴。这次经历让我深刻感受到OKR的魔力。它不仅是一个工具，更是一种思维方式。

我朋友开了一家软件公司，他们第一年的目标是在市场上多占点地盘。他们定了几个关键点：新客户要增加20%；用户对产品的满意度要达到90%；客户有任何问题都要在24小时内解决。为了达成这些关键结果，销售团队四处奔波拉新伙伴，产品团队根据大家的反馈不断优化软件，客服团队也努力让每个问题都能迅速得到解决。每隔三个月，他们就会一起坐下来，看看进展如何，哪里做得棒，哪里还得加把劲，大家齐心协力，携手奋进。优秀的管理者要会用直觉和逻辑来平衡，兼顾眼前和未来。而OKR就像一座桥，它帮我们明确目标，找到实现目标的路径，解决管理上的难题。

2.怎样制定一份清晰的个人OKR

一份清晰的个人OKR一定要有三个要点：聚焦目标、关注结果、定期回顾。第一个要点，也是三个要点中最重要的，就是要聚焦目标。《鬼谷子》一书中有言："欲多则心散，心散则志衰，志衰则思不达。"我有个朋友，之前做游戏测试，现在想转行编程，正在自学C语言。但他还有个梦想，就是写网络小说。他每天忙得不可开交，想同时做三件事，还为每个目标做了详细的OKR计划。结果，他累得够呛，却啥也没做成，总是唉声叹气。我建议他先集中精力在工作和学编程上，把写小说的事放一放。他听了我的建议，把目标缩减到两个，上班时间做测试，下班后学编程。这么一来，他轻松多了，学习效率也提高了，感觉整个人焕然一新。

第二个要点就是关注结果。对职场人来说，达成目标得看成果，不是光看过程。古希腊有个传说，讲的是阿塔兰忒和金苹果的故事。阿塔兰忒是斯巴达跑得最快的人，她爸爸想让她结婚生子，就搞了个跑步比赛，谁赢了就能娶她。阿塔兰忒自己也参加了，要是没人跑得过她，她就能继续单身。比赛那天，有个叫希波墨涅斯的小伙子，他手里有三个金苹果。每次阿塔兰忒快要超过他时，他就扔一个苹果到她的赛道上。阿塔兰忒每次都停下来去捡苹果，结果每次都被他超过。最后，希波墨涅斯就靠这招，以一点点优势赢了比赛，成功抱得美人归。这个故事告诉我们“将军赶路，不追小兔”。从OKR的角度来看，阿塔兰忒的目标是保持单身，但她的关键结果却是捡到苹果。如果她的目标是赢得比赛，那她就不会因金苹果分心，也就能保住自己原本坚持的单身了。

第三个要点就是定期回顾。定了OKR计划，还得有行动。时不时检查一下，能帮助我们调整做法，确保能完成目标。使用OKR工作时，我每隔两周就和团队回顾一次。这样做能让我们根据进展情况及时调整策略，避免在错误的道路上越走越远，确保我们始终朝着目标前进。

“目标越清晰，行动就越有力。”设定明确的目标可以点燃我们的热情，让我们更有动力去追逐梦想。在追求自我价值的路上，OKR就像个指南针，能帮我们明确方向。我们通过设定具体的目标和可以量化的关键结果，不仅能画出一条清晰的路线图，还能在实践中随时调整，一步步接近目标，实现自己的价值。这样的方法让我们在实现梦想的道路上更加坚定和高效。

【升维时刻】

1. 如何设定既富有挑战性又符合公司战略的目标，以激发团队热情和动力?
2. 你怎样确定关键绩效指标，帮助团队专注并及时调整实现目标的策略?
3. 你打算如何确保团队成员持续获得反馈，以便识别问题并进行必要的优化?

05

弱者向外寻找，强者自我驱动

请你带着这些问题阅读：

1. 什么是内驱力模型？它包含哪几个重要因素？

2. 为什么要激发内在动机？

3. 如何应用内在动机？

你有没有好奇过：为什么工作时有的人能在电脑前坐一天，连加班都干劲十足，而有的人却一上班就提不起精神，总感觉累得慌？英国有一句谚语：兴趣是不会说谎的。

微软曾经花重金由领着高薪的编辑和管理层打造了一款产品——微软MSN Encarta。然而，它最终却被一个由成千上万无偿贡献者建立的维基百科击败。这是因为维基百科的内容是贡献者们根据自己的爱好一点点添加的，所以内容丰富有趣，还很专业。微软的MSN Encarta相比之下就显得有点无聊，内容也没那么全。

稻盛和夫曾说过：你有多大的驱动力，你就愿意为之付诸多少努力。点燃内驱力，就能改变你的人生轨迹。事实证明，我们人类天生就带着一股自我驱动的力量，这种力量在职场中尤为重要。那么，是什么原因让不同的人自发地去做各种各样的事情呢？答案就是内驱力。内驱力不仅塑造了我们的职业道路，也是我们在职场中实现自我超越的关键。

一、内在动力促进个人发展

内驱力模型是一种让个人充分发挥内在动力，实现个人自主性、胜任感和目标使命的模型，被广泛应用于个人成长、职业规划、管理和领导力等领域。它的核心在于三个基本要素：我想做、我能做和我要做。这三个要素分别对应着自主性、胜任感和目标使命。（如图3所示）

自主性是内驱力模型的基石，指的是个人在内在动力和自我调节下，能够自主行动并对行动结果负责。爱德华·L.德西在其著作《内在动机》中说道：幸福来自真正的自主。书中讲述了一则故事：患有高血压的姑妈需要服药，但是她总是忘记按时吃药，这让她的病情越来越严重。医生总是告诉她要早上吃药，但她答应得好好的，一回家就忘了。后来，医生想了个办法，让姑妈自己挑个时间吃药。姑妈选择了晚上，这个小小的改变让姑妈开始准时服药，她的病情也渐渐好转。

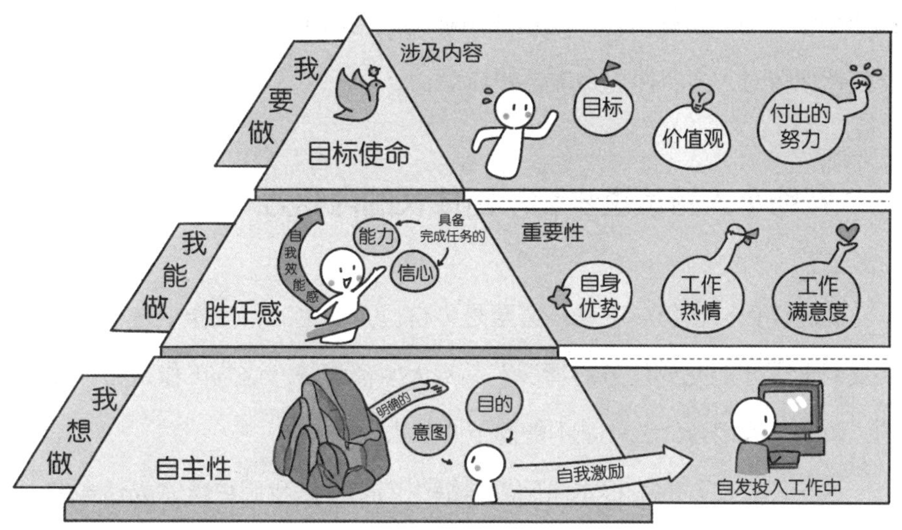

图3　内驱力模型的基本要素

胜任感是指个人具备完成任务所需的能力和信心，它对于识别自身优势、提高工作热情和满意度至关重要。当人们知道自己的辛苦工作被看在眼里、被赞赏时，他们就更愿意为公司或团队多出一份力。

目标使命涉及个人追求的目标、价值观以及为实现这些目标所付出的努力。目标使命就是让我们更清楚地了解自己的工作内容以及我们在工作中扮演的角色，让自己的工作变得更有意义。就我自己的职业发展来说，其中很重要的动力来源就是目标使命。本科时我学的是数学统计，毕业后误打误撞成为宝洁人力资源管理培训生，一开始目标是升职加薪，后来发现了人力资源的价值，我的目标使命逐步清晰——让流经生命的人和组织更美好。此后，工作中无论遇到多么复杂的情况或者多么不喜欢的人，我都能够快速地调整好自己，把这些困难当成生命中的礼物来看待，因此也能持续保持对人力资源这个岗位的热爱。

二、帮助个人持续进步和不断成长的内驱力

你的伴侣、孩子、下属，甚至是你自己，在生活和工作中是否有过需要反复催促才能完成任务的情况？其实大家都清楚，这些工作是必须完成的，可是，我们为什么就是不能静下心来去做呢？

这些现象出现的最根本原因就是缺少内驱力，我们缺乏完成任务的内部动机。就算我们知道早点儿做完手头的活儿，就能去干自己喜欢的事，但我们就是忍不住要“摸鱼”，非要等到deadline（最后时限）临近，才赶紧随便应付一下。因此，对学习、工作来说，内驱力是必不可少的。

同事家的小孩写作业是一大难题，刚开学没多久就被老师留下来三次，次次都是因为作业没写完，默写也过不了关。同事之前也试了好多方法，想让孩子好好学习，像“奖励学习法”“强制学习法”……可忙活了一大圈，孩子和大人都累得够呛，孩子还是拖拖拉拉，一点儿改的意思都没有。说到底，是因为孩子对学习没那么有兴趣，对于学习缺乏内驱力。

埃隆·马斯克曾说自己成功的关键因素是“内驱力”。到目前为止，马斯克掌管着多家公司，这些公司在它们各自的行业里都有很大的影响力，甚至能改变行业规则。马斯克的成功，确实为内驱力的重要性提供了很好

的佐证。

三、如何激发内在潜能，实现自我成长？

小时候，我们总是对周围的世界充满好奇，喜欢去探索各种各样的事。比如，我们会花很长时间蹲在地上看蚂蚁搬家，或者用各种东西假装做饭、开商店，玩得不亦乐乎。那么，从什么时候开始，我们失去了行动的目的？我们的内在动力去了哪里？我们又该如何激发内部动机，让自己的动力源源不断？

1. 自主：我做什么，我决定

激发内部动力最关键的一步就是自主性。前公司有个老员工，他在部门里特别重要，是团队的顶梁柱。但是有一段时间，他好像对工作没什么兴趣，整天都不太开心，甚至想过要辞职。公司注意到了这个问题，就让我们想个办法留住他。我们仔细分析了一下，觉得给他更多的自由，让他自己决定怎么工作，让他成为团队里的“老大”，可能会有帮助。这个办法真的很管用，他工作起来更有劲头了，笑容也回来了，给公司带来了更好的成绩。

我刚加入外企不久，就接手了一个重要的任务：在两个月内搭建起大中华区销售人员培训体系。领导对我挺信任的，给了我很多自主权，这让我更有动力把事情做好。为了深入了解真实的销售工作，发现销售真正的发力点，我主动提出要跟着不同类型、不同层级的销售去见客户，我每天都很有干劲，乐在其中。在这段时间里，我根据收集到的资料，设计出了一套培训课程体系。为了让全国各地的销售人员都能方便地学习，我还开发了一个学习软件。这个软件能让不同级别的销售人员通过手机知道自己目前的水平，找到适合自己的课程，用起来特别方便。这个项目后来成了公司资源管理的标杆。直到我离开外企五年后，他们还在用我当年做的那款学习软件呢。

2. 胜任：把想做的事情做得越来越好

当我们自己想要去做某件事的时候，我们就会全身心地投入，这是学会一门技术的关键。想要成为某个领域的高手，我们就得不停地学习、不断地练习，让自己的技能越来越强。如果特别想做好一件事，我们就更容易进入“心流”状态，完全沉浸其中，既专注又享受。要进入“心流”状态，记住以下两点：

（1）选择难度适度的任务，既不太难以免于焦虑，也不太简单以保持激情。

（2）做自己喜欢的事，设定明确的目标，这有助于我们沉浸并享受过程。

刚开始写这本书的时候，我觉得特别难，感觉就像背着一座大山，压得我喘不过气来。因为这个原因，写作很长一段时间都没什么进展。后来，我想了个办法，给自己定了个小小的目标：每天就写五分钟。这个任务很简单，我很快就能完成，每次写完我都觉得自己超级厉害。过了一段时间，我发现自己其实挺能写的，最后真的把这本书写完了。

我家孩子以前不爱看书，于是我也用了这套“胜任”的理论。我给她买了一批漫画书，让她能看懂，每当她读完一本书后，我就会反复鼓励和表扬她。慢慢地，她从阅读中获得了成就感，也就越来越喜欢看书了。

3. 目的使命：超越自身的渴望

满足感不光是因为我们有目标，更重要的是我们的目标有意义。我们为什么愿意帮助比自身弱小的人？为什么愿意为他人付出？为什么愿意改变世界？思考和奉献是人类区别于动物的重要特征，当我们在做一件有意义的事情时，那种满足感比得到物质上的回报要强烈得多。我本科学的是数学，结果阴差阳错地进了人力资源这行。工作中人来人往，有时候人际关系挺让人头疼。但每当我觉得累的时候，我就会想想自己为什么要做人力资源，答案是想帮大家变得更好。这份工作，让我在人生的路上，既能帮到别人，也能让自己发光发亮。

有一句话是这样说的：“自立者，人恒立之；自助者，天常助之。”这种内在的动力让我们敢于坚定信念，敢于直面困难。我们要想取得成功，那就得让内心的力量完成职场的“第二次投胎”，一步步攀登高峰。不管遇到什么难题，只要我们有目标，就有勇气去解决、去实现。

【升维时刻】

1. 如何通过发现和培养工作中的兴趣来增强自我驱动，并积极迎接挑战？

2. 你怎样设定清晰的目标和激励因素，以增强个人的内驱力并帮助自己渡过难关、实现价值？

3. 你如何构建一套有效的自我激励体系，并在遭遇挫折时保持积极心态，促进个人成长和动力的提升？

06

自信是一种可培养的能力

请你带着这些问题阅读：

1.你是否总是觉得自己不够好，总是不停PUA自己？

2.你是否特别在意别人的评价，需要别人认可才觉得有存在和活着的意义？

3.你是否很想提升自我价值，但不知从何做起？

很多年以前，我的心里住着一个“小恶魔”，让我总是在遇到困难时批评自己。如果事情没做好，我就会不自觉地责怪自己：“你真没用，这点小事都搞不定，真让人讨厌，没人会喜欢你……”

这几乎成了一种习惯。哪怕我成功了，我也会将其归功于运气，然后继续对自己说：“这次只是走运，下次可能就没这么好运了……”不管是成功还是失败，我总是在贬低自己，对自己很苛刻。这就是典型的自我价值感低。那么，这种现象为什么会产生呢？我们究竟要如何提高自己的自信心呢？从这里开始，我们一起开启心灵的疗愈之旅。

一、生活中普遍存在“自我价值感低”的心理现象

我们为什么会陷入自我价值感低的旋涡？这和个人的成长经历息息相关。记得我上学那会儿，父母总是看不见我写作业、学习。只要我开始放松，他们就跳出来说：“你就知道玩！”这让我一直觉得自己不够好。哪怕我已经挺努力，成绩也很不错，但心里还是会有个莫名其妙的声音不停地对我说“你还不够好”。奥普拉·温弗瑞说：没有人能打败我们内心的魔鬼，只有我们自己可以。自我价值感低让我们不自信、不幸福，那么，我们应该如何逃离这个旋涡？

二、如何增强自信心，构建积极的自我形象？

居里夫人曾说：我们应该有恒心，尤其要有自信心。我以前总觉得自己没什么价值。但是，经过几年的修炼，我慢慢认识到，价值是由自己说了算的。在这个过程中，我惊喜地发现：面向企业经常用到的用户心智模型（图4），同样适用于提升自我价值感。

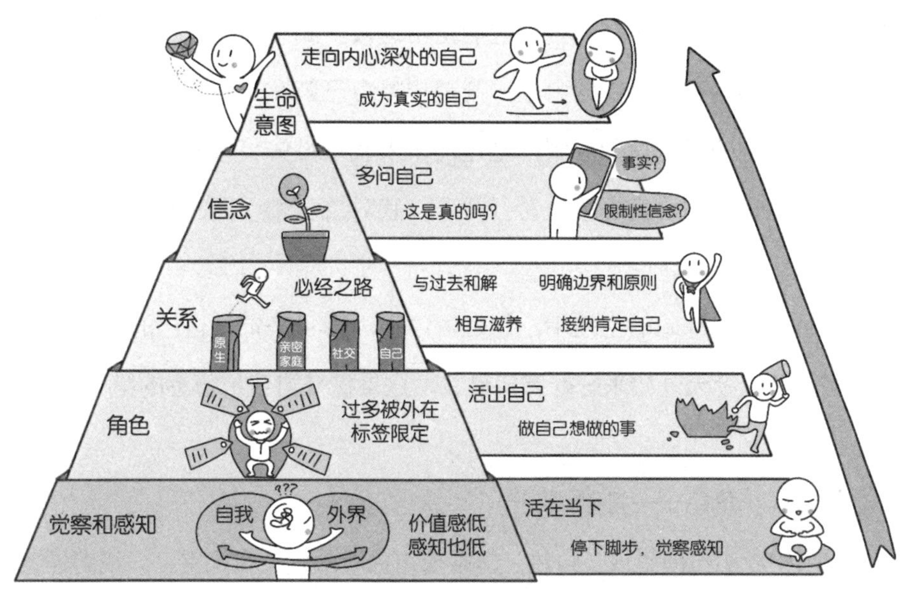

图4　用户心智模型

第一层：觉察和感知——看到自己

自我价值感低会造成低感知，无论是对自我，还是对外界。有段时间，我忙得像个陀螺，总感觉有根看不见的鞭子在抽我。那时候，我的生活几乎全是工作，一心想着要爬得更高，赚得更多，很少停下来关心自己。有天上午，我刚做完胃窦息肉切除手术，下午就回公司加班到深夜，第二天还得陪客户，甚至喝酒。我都没注意到自己身体有多累，也没注意过身边的美好。

直到有一次，我去上了个教练课，学到了“活在当下”这个概念。我记得第一天上课时，我特别不适应，总是分心想着工作上的事。第二天，我突然发现，就算我不在，公司也能正常运转。到了第三天，我开始慢慢进入状态，感受到了专注的力量，甚至想象自己躺在一棵大树下，享受着阳光。那一刻的感觉特别舒服，是这几年来我从没体验过的。在这种放松中，我感觉自己的感官好像重新打开了，我对自己和周围的世界有了更多的感觉和认识。

在每天忙忙碌碌的生活中，你是否停下过脚步来觉察自己的感知？如果没有，请从今天开始来好好感知自我。这是提升自我价值感的第一层。

第二层：角色——打破限制

生活中我们扮演着很多角色，却常被角色所限制。在课堂上，我们是老师或学生；在公司，我们是上级或下级；在家庭中，我们是父母或子女……很多时候，我们担当这么多的角色，却忘了自己首先是自己，有自己的感受和需求。

如果你的自我价值感完全取决于你外在的身份角色，取决于你是不是个好员工或者好父母，那你将一直被他人的看法牵着走。更可怕的是，一旦身份变化，你会觉得活着是一种负担，最终酿成惨剧。

第三层：关系——情理共生

当你开始意识到“我”很重要，你就得学会处理各种关系，让自己变得更好。

1. 原生家庭关系

“幸福的人用童年治愈一生，不幸的人用一生治愈童年。”确实，原生家庭的影响非常大。朋友小Q小时候过得特别艰难。她爸爸经常打她，有时候甚至脸上都是明显的伤口。她妈妈不仅不帮她，还在旁边说风凉话。更让人难过的是，她爸妈都觉得这样做是为了她好，他们信奉棍棒底下出孝子。长大后，她一直以为是自己做错了什么才被打。直到有一天，她在网上看到很多和她有相似经历的人，才意识到过去的事情并不是她的错，也不应该影响她的未来。她决定要活出真正的自己，和那些不愉快告别。

2. 亲密关系

亲密关系中，最容易出现的是边界感的问题。边界感的缺失，会造成关系的紧张甚至破裂。守住底线，才能保持自我。有个女性朋友因为受不了她男朋友及其家里人，最终决定分手。她曾经自掏腰包，花了一千块钱请男朋友一家吃饭，可是吃完饭后，男朋友的妈妈却说她花钱大手大脚，还说自己儿子工作好几年都没存下钱就是因为她。实际上，这个女生家里条件挺好，挣的比她男朋友多，谈恋爱期间自己也没少为对方花钱。说到底，是男方一家人都觉得女生的钱就是他们的，因此做事没有分寸，没有界限感，堂而皇之地指责她乱花钱。

3. 社交关系

我很喜欢朋友Renee的一句话：“要提升自我价值，需要活在一种能够滋养的部落关系中。”我和几个朋友一起创建了一个名为“木兰社”的群，主要是分享一些对女性成长有帮助的东西。半年时间里，我们做了30场直播，收到了很多正面的反馈。这种大家互相支持、一起成长的氛围给了我很多正能量，让我在寻找自己价值的路上走得更远。

4.与自己的关系

这是最重要的关系。我们可能更容易识别他人的PUA。但是，有可能PUA自己最狠的那个人竟然是自己。

有很长一段时间，我跟自己相处得特别不好，老是批评自己，觉得自己做得不够好。就算有时候做得不错，我也觉得那只是碰巧，不是我真有本事。如果你总是对自己太苛刻，不断地批评和否定自己，你就容易深陷低价值旋涡。但如果你学会接受自己，多给自己一些鼓励和肯定，你就能提升自我价值感。

第四层：信念——释放束缚

信念是一种潜移默化的心灵力量，它无时无刻不在影响着我们的人生。威·柯珀曾说：每个人总以为自己的信念是正确的。信念可以成为我们成功的关键，也可能成为我们的束缚。

有时候我工作到深夜，回到家发现孩子已经睡了，就会觉得特别对不住孩子，觉得自己可能不是个好妈妈。我有些朋友则是花了很多时间陪孩子，等回到工作岗位上时，发现自己和别人的差距变大了，就开始怀疑自己的能力。我经常被问到怎么在工作和家庭之间找到平衡。有意思的是，好像很少有人去问男人这个问题，这就是社会对女性的固有看法。只有发现并解除这些限制性的信念，我们才能真正踏上寻找自我价值的道路。

第五层：生命意图——成就自我

突破了限制性信念后，就要进入最核心的价值层——生命意图了。埃隆·马斯克视改变世界为己任，他无视外界的评价，勇敢地在多个新领域尝试创新，比如成立Space X，颠覆了美国航空业，成为世界上最稳定的火箭运营商之一；还有投资特斯拉，收购太阳城和推特，等等。

我也一直在寻找自己真正的价值。以前，我总以为别人眼中的成功、鲜花和掌声就是我的价值。当我慢慢走到自己内心深处，我找到了自己想要的价值，那就是“起舞者”——与生命共舞。我会尽情享受生命带给我的礼物，带着“鲜活的生命、无畏的勇气、深深的连接”这三种能量，成为真实的自己，让自己尽情地翩翩起舞！

三、开启自我价值探索提升之旅

要将思维模式转化为实际行动，我推荐一个实用工具——自我价值能量日记本。每天花10~15分钟，记录自己对五个层次的反思或当天听到、看到的正能量语句。具体操作方法见表4。

表4　自我价值能量日记操作方法

步　骤	记录带给自己能量的话语
觉察和感知	我今天发现的生活中的小确幸是什么？
角　色	我放下所有外在角色，就关注自己的一个时刻是什么时候？感觉如何？
关　系	我听到别人夸我的话是什么？我今天遇到了哪个我特别喜欢或欣赏的人？我今天特别喜欢自己做的哪件事？我今天觉得自己哪里特别棒？
信　念	我发现了自己过往的哪条限制性信念？太高兴了，我发现它竟然不是真的！
生命意图	我今天做了哪一件事，在实现自己价值的路上又前进了一小步？我太棒了！

奥斯特洛夫斯基说过：人生最重要的不是所处的位置，而是所朝的方向。这句话突显了自我发现的重要性——只有清楚自己喜欢什么、看重什么、想要什么，我们才能找到适合自己的路。我们一定要自信，除了我们自己，没人能决定我们的价值。我们每个人都是独一无二的，就像闪闪发光的钻石，独特、珍贵、美好。从现在开始，从这里开始，去寻找你的价值，这可能不是一条简单好走的路，但是一定要走下去，光明就在前方。

【升维时刻】

1. 如何在日常生活中增强自我认同和自信心？

2. 面对挫折时，你怎样保持积极态度，保护自我价值不受损？

3. 你如何理性处理外界评价，确保自我价值感的稳定与健康？

第二章

思维升维：人生跃迁的高效路径

01 用成长型思维助力人生升级

请你带着这些问题阅读：

1. 为什么要培养成长型思维？
2. 成长型思维的人生和固定型思维的人生有什么不同？
3. 怎样培养成长型思维？

你有没有想过这些问题：为什么成功的人总是少数，失败的人总是多数？在职场上，为什么别的同事步步高升，而自己却在原地踏步？

我有一个同事，刚入职的时候，他表现得挺给力的，领导也挺看好他，经常给他一些更高层级的活儿。但他好像不太买账，老是推脱，说自己“只是个普通员工”。结果呢，到现在他还是个普通员工。而那些愿意多干点活儿的同事，早就升职加薪了。卡罗尔·德韦克教授经过多年的研究发现：

“成长型思维才是影响一个人学习、成长、人际关系以及整体发展的关键因素。”如果只能教会我的孩子一种思维方式，我想这会是成长型思维。这种思维就是让我在职场上无限升级的最牛宝典！

一、建立成长型思维，让自己终身成长

我们的思维模式决定了我们面对挑战时的反应。有句名言是这样的：重要的不是我们在哪里，而是我们朝哪个方向前进。

我在担任HR时曾招过两名毕业生，A来自顶尖学府，B则是普通院校毕业。大家都觉得A的综合实力更强，实习期满后转正的可能性也更大，但实际情况却让人出乎意料。

A确实挺聪明的，遇到问题能很快搞定，但他总是想让大家觉得自己什么都会，从来不愿意向别人请教。B就不一样了，遇到不懂的就问，哪怕要花很多时间弄明白，他也不觉得丢人。看到别人做得好，A心里就不舒服，B却很高兴，还会去向别人请教方法。面对批评，A总是辩解，B却能虚心接受，然后想想自己怎么改进。要是让我选谁能留下来，我肯定选B。结果也是B成了团队里不可或缺的一员，而A最后没能留下来。

这反映了A和B在面对困难时的思维模式差异。卡罗尔·德韦克教授在《终身成长》一书中区分了两种思维类型：固定型和成长型。（参见图5）固定型思维的人认为能力、智商等是不变的，成长型思维的人则相信这些特质可以通过努力和策略得到提升。

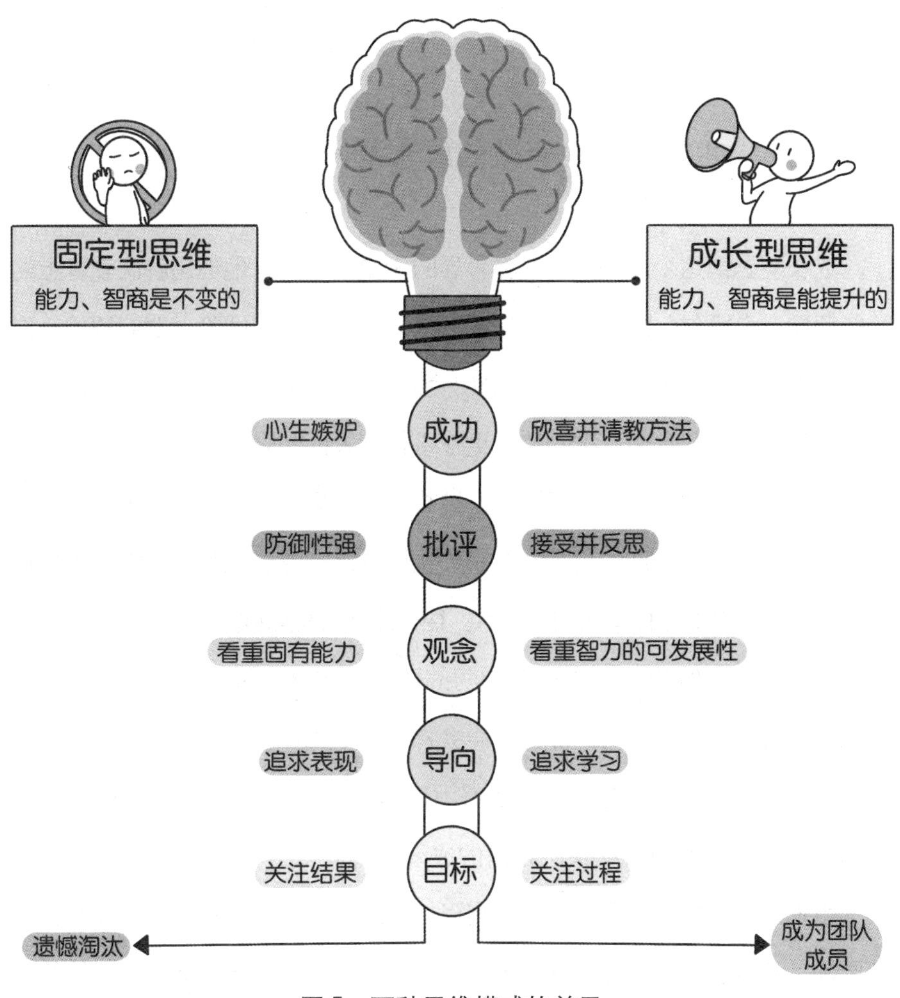

图5　两种思维模式的差异

这两种思维的人在观念、目标和导向上都有显著差异。固定型思维的人看重固有智力，成长型思维的人看重智力的可发展性；固定型思维的人追求表现，成长型思维的人追求学习；固定型思维的人关注结果，成长型思维的人关注过程。

二、提高人生上限行之有效的成长型思维

成长型思维这个想法最初是教育界的人提出来的，他们想解决教育上的一些问题。卡罗尔·德韦克和他的学生做了个挺有名的试验，他们找了一群小学生来做瑞文智力测试。试验发现，那些有成长型思维的孩子更愿意为了学习而学习，而固定型思维的孩子更在乎在别人面前表现得怎么样。遇到难题的时候，成长型思维的孩子愿意去挑战，固定型思维的孩子却害怕失败而畏缩不前。固定型思维的孩子太在乎外在评价，一遇到困难，可能就表现得很糟；成长型思维的孩子遇到挫折后，往往能变得更坚强。

在另一个研究里，那些被夸聪明的孩子，也就是被激发了固定型思维的孩子，如果成绩不好，他们可能会撒谎，比如说："这题我早就会了，就是今天记错了。"那些被鼓励要努力的孩子，也就是被培养了成长型思维的孩子，他们会诚实地说出自己的成绩。

当人们不给自己设限，不框住自己的思维时，他们往往能做得比想象中还要好，甚至能取得意想不到的大成就。1939年，有个叫乔治·丹齐格的学生在加州大学读博士。有一次他上课迟到了，到了教室后，他赶紧抄下了黑板上老师留的作业。他发现这次的题目比平时难多了，所以花了好长时间才做完。作业交上去后，丹齐格还因为交晚了跟老师道了歉。结果老师特别惊讶，因为那两道题不是普通的作业题，而是统计学里还没人解决的大难题，

丹齐格就这么无意中把它们给解决了。有成长型思维的人面对新事物和新挑战时，心态很开放，愿意接受和尝试，这样他们就能不断地学习和进步。

不只个人，公司也得有成长型思维，得学会适应新情况，不然很容易落后，甚至被市场淘汰，比如诺基亚和柯达。诺基亚以前是手机行业的老大，但是它没跟上智能手机的潮流，没及时调整自己的经营策略，结果在和苹果、三星这些竞争对手的较量中，诺基亚的市场份额越来越少，最后被微软收购。柯达曾经是摄影界的领头羊，但是它没适应数字摄影技术的变革。虽然柯达也尝试过转型，但是管理层缺乏创新思维，不敢大胆尝试新东西，也不懂得怎么一步步改进，最后在市场上的影响力越来越小，慢慢退出了舞台。

成长型思维对人有好处，是因为它跟大脑的一个特点——神经可塑性——很搭。科学家发现，我们的大脑是一直在变的，哪怕你年纪大了，学新东西也能让大脑变样，甚至长出新的神经元。大脑是怎么工作的呢？它靠的是神经元之间的网络。这个网络是一直在变的，这样神经元之间就可以形成新的连接。如果两个神经元经常一起工作，它们之间的连接就会变得更强；如果不怎么一起工作，连接就会变弱，甚至断掉。所以，如果我们经常用脑，神经元之间的连接就会变得更强，大脑也会更灵活。

三、如何转变思维定式，培养成功心智？

1.面对真实的自我

卡罗尔·德韦克曾说：成长型思维不是关于天赋，而是关于努力。碰到难题或者不顺的时候，我们心里可能会冒出一些“我不行”或者“我做不到”的念头，这些就是固定型思维的想法。这时候，我们得学会认出它们，然后用成长型思维的想法来替换。我的社群里有个做销售的学员，刚开始工作时，每次客户不买账，她就觉得是一次打击，很快就没信心了，想要放弃。后来，她慢慢学会了用成长型思维来看待问题，把每次被拒绝都看成一次学习的机会，是积累经验的过程。她开始积极地对待每一个潜在的客户，不断努力。现在，她已经自己开了公司，当上了老板。

要想培养成长型思维，我们得先学会观察自己的内心想法。我们可以通过练习“正念”来提高这种觉察能力。就是让我们在事情发生的时候，不要立刻做出反应，而是先冷静地、不带任何评价地去注意它。

比如，当你意识到一件事情没做好，你可以逐个询问自己以下问题：我现在是怎么想的？我为什么会这么想？需不需要校正？如何校正？诺曼·文森特·皮尔曾说过：改变你的思想，你就能改变自己的世界。通过这些思考，你就能慢慢改变原来的想法，培养出成长型思维，然后把这种思维用到工作里去，这样你在职场上就能进步得更快，实现跳跃式的发展。

我曾经面试过几个求职者，问他们离开上家公司的原因，许多人都说是公司或者同事的问题。但是，也有人跟我说，他们离职是为了让自己变得更好。作为面试官，我更喜欢后一种人，公司也更需要这样的员工。这些人在工作上总是愿意学习，不断进步，能在自己的岗位上做出更大的贡献。

2. 重在行动

成长型思维不会立刻给你答案或者成果，但它能激励你去做，通过实际行动得到结果。而且，行动还能反过来帮你培养成长型思维，你在做事的过程中能不断提高自己的能力，并且解决问题。

2018年的时候，我在一家全球500强的房地产公司工作，负责人力、行政和法务，已经是个管理层的领导了。有一天，老板突然跟我说，让我去管销售部门。我当时就蒙了，不知道该高兴还是担心。那年的经济形势和房地产的销售情况都不太好；而且都已经是年中了，我们公司的销售目标才完成了30%。也就是说，我这个从来没干过销售的HR，得带着一个新团队，在剩下不到半年的时间里，完成70%以上的销售任务。虽然我之前也做出过一些成绩，但面对这么大的挑战，心里还是挺害怕的。作为HR，我知道这个销售业绩能不能达到目标，会影响到全公司员工的年终奖，这责任可不小。我花了两天时间思考要不要接受这个挑战。两天后，我跟老板说：我愿意。两天内，我一直在和自己进行内心对话，我的做法，见表5。

表5　决策步骤

	策略	问题	行为
步骤1	与自己对话	如果未达目标能怎样	没有失败，不是赚到就是学到
步骤2	行动1	如何请教牛人	向懂销售的牛人请教
	行动2	如何调动优势，整合资源	为团队赋能
	行动3	为达目标，如何全力以赴	心中有目标，一切皆路径

最终，我们用不到半年时间就超额完成了百亿的销售项目。

郑板桥的《竹石》是这样写的："咬定青山不放松，立根原在破岩中。千磨万击还坚劲，任尔东西南北风。"在人生的十字路口，我们得拼尽全力，勇敢地去追自己的梦想，别因为退缩而后悔。在团队里定目标的时候，对我帮助最大的就是成长型思维，这也是最牛的升职宝典：不懂的就去学，没试过的就努力去尝试，为了达到目标，要尽全力去做，成长型思维得变成实际行动，才能真正成为你的一部分。光知道这个概念没用，关键是要去做。只有真正去做了，你才能从中受益。

【升维时刻】

1. 设定一个计划，尝试用成长型思维去思考。
2. 设定一个问题，采用"正念"的方式去训练自己的思维模式。
3. 在职场中，如何运用成长型思维来提升员工的能力和激发他们的潜力?

02 用元认知看清问题的本质

请你带着这些问题阅读：

1. 怎样启动“元认知”去了解事物？

2. 怎样利用“元认知”去帮助我们？

3. AI时代下“元认知”破圈策略是什么？

1768年，英国有个叫詹姆斯·库克的船长，他在海上探险时碰到了一个大难题：船上的水手们因为长时间吃不到蔬菜，缺乏维生素，许多人都得了坏血病。库克船长发现，荷兰船上的水手们吃了很多酸泡菜，好像航行中就没这个问题。问题是，英国人实在不爱吃酸泡菜。

库克船长知道，如果直接告诉水手们酸泡菜能治坏血病，他们可能不认可，可能更害怕。于是他想了个办法，先让船上的官员在水手们面前吃酸泡菜，还假装说，要是水手们偷吃，就要受罚。这样一来，水手们反而觉得能吃到酸泡菜是件很了不起的事，是地位的象征。过了一段时间，库克船长宣布，每个星期的最后一天，所有水手都能吃酸泡菜。虽然这不是他们平时吃的东西，但水手们都觉得这是对他们的重视。即使再不习惯，也都津津有味地吃下去了，坏血病的问题也得到了解决。这个过程中，库克船长运用了元认知思维。

我跳槽到民营企业后，就是靠元认知的思考方法，才慢慢在新工作环境里站稳脚跟，并且一步步升职。元认知不仅是一种自我意识，更是一种推动我们向更好的方向发展的关键能力。它还是一个杠杆，让我们能撬动自己的人生！

一、反思认知过程让你的决策更明智

元认知就是对自己认知过程的理解和控制。这种能力让我们能够观察和调整自己的思考方式，是人类智慧的核心所在。大卫·迪绍夫在《元认知：改变大脑的顽固思维》一书中说道：元认知是我们所拥有的、能够改变反馈回路的最强大的内部力量。通俗来讲，元认知其实就是我们的反思能力。

人类的大脑里有个叫新皮层的部分，它能让我们变得很聪明，能感知很多东西，也能思考很多问题。这样我们就能靠脑子来思考，而不是像其他动物那样，主要靠天生的本能和感觉生存。更厉害的是，我们还能检查自己的思维，发现哪里不对头就改一改，做更好的决策。芒格学院在元认知模型这一单元这样讲：元认知是人类独有的能力，它帮助我们从问题中抽离出来，以一种旁观者的角度重新审视事件本身，问题往往迎刃而解。

Z女士是一名销售经理，有一回她在销售比赛里没达到自己想要的成绩。于是她用了元认知的方法自我检查和调整，深入分析了自己的销售策略和与客户沟通的方式，发现了问题所在，并有针对性地改进了自己的方法，在接下来的一个季度，她的销售成绩显著提升。

我在处理工作中重大且复杂的问题时，经常会审视自己的思考过程：是否真正理解了问题？思路是否得当？需要哪些信息来辅助解决问题？这个过程其实就是元认知。靠着元认知这个技能，我每次工作都能做得特别好，这也是我能在职场上快速进步的秘诀。练习元认知这个技能可以帮我们学东西更快，记东西更牢，找信息更迅速，解决问题的能力也会变强。

二、自己主导人生，不受“命运”操控的元认知

卡尔·荣格曾说：潜意识如果没有进入意识，它就会引导你的人生，而你称其为命运。元认知的优势在于能自我反思和觉察。有了元认知，就好像我们有了一种能全面了解情况的能力，它能让我们跳出平时习惯的思考方式，记得自己真正想要的是什么。

如何牢记自己的真正目标？一个挺管用的方法是把自己每天做的决定记下来。这样既能帮助我们更好地思考，找出问题，减少因为分心而做出

错误的决定，还能让我们更有自制力。养成这个习惯，能让我们更清楚地认识自己，提高自我觉察和元认知的能力，帮助我们更好地理解和实现自己的目标。

有一阵子我特别爱刷短视频，一刷就停不下来。后来我用元认知这个思考方法来审视自己，意识到其实我刷视频是想在工作之余放松一下，觉得这样轻松，还能在零碎时间里学点东西。但是，当我像旁观者一样观察自己的时候，我发现刷短视频并没有让我真正放松，反而因为刷得太投入，经常熬夜。而且，短视频给我的信息都是零零散散的，学不到什么东西，更没法帮我形成一套完整的知识体系。意识到这一点后，我就不熬夜刷视频了。这个改变的关键就是我意识到并反思了自己的行为，这正是元认知的力量。

主动开启元认知，意味着能从旁观者的角度审视自己的思考与行为。这种自我观察能帮我们成长，它让我们发现并改掉那些不理智的想法，让我们做出更好的决定。如果一个人没有这种自我意识，他可能会不自觉地只追求眼前的快乐，直到遇到挫折。

有些员工只有在碰到问题的时候，才会用到“元认知”这个技能，平时顺风顺水的时候，他们就不太注意自己的行为，好坏都不放在心上。这样的员工，职位一般都上不去，晋升的机会不多。但是，有的员工即使在没什么压力的时候，也会主动去练习元认知，不断提升自己，在职场上走得更远，晋升的机会也更多。

你不妨把元认知拟人化，想象他是“灵魂伴侣”，会时刻陪伴你、指引你。在你走神时，他会提醒你专心；在你迷茫时，他会站得高看得远，帮你看清前路；在你遇到问题时，他会深入分析，告诉你应该抓住的关键规律；在你懈怠时，他会警醒你……

三、如何培养批判性思维，提升解决问题的能力？

亚里士多德曾说：在这个时代，人们的心智已到达了一个新的高度，然而，却没有人了解其中的过程。《认知觉醒》这本书给了我很多灵感，它教我们从四个角度——过去、未来、高度、深度——来审视自己的生活，帮助我们跳出现状，实现自我超越。结合我这些年做HR的经验，我通过几个实际的例子，告诉你怎么用元认知来提升自己。

我有个在培训机构做HR的朋友J先生，今年35岁，突然接到了裁员的通知。他一开始挺受打击的，成天想着自己多失败、多没用，觉得自己的未来一片黑暗，心情特别低落。后来我建议他用元认知的方法来冷静分析情况。

1.看过去

看过去有哪些突出的优势，包括能力、资源等。比如我这位朋友是做培训机构的HR，他沟通能力强，擅长和别人沟通。而你可能擅长把零散的信息整合起来，形成一套完整的知识体系。这是你以前就有的长处，将来也能用得上，就算工作没了，你的这个优点还是在的。

2.看未来

未来有哪些趋势，可能有哪些机会？“一招鲜吃遍天”的现象已经不存在了，要思考如何寻找新用户，创造新价值。短视频现在特别流行，未来估计也会继续火。我建议J先生利用自己之前积累的知识和技能，尝试做短视频。他开始创作一些有质量的内容，慢慢地在短视频平台上积累了粉丝，成了个小有名气的博主。通过互联网，他不仅让自己的声音被更多人听到，还提高了自己的知名度，吸引了新客户。

萨拉是一个新兴科技公司的老板。她让团队成员在工作中用元认知，也就是让大家多审视自己的思考模式。这种做法激发了团队的创新能力，结果他们一起开发了一个颠覆性的新应用。

以前，公司用外企的人力资源管理方法就能管得好。但现在情况变了，老办法不管用了。要想做得更好，就得把人工智能加到人力资源管理里去。

我们公司现在正努力研究怎么用人工智能来更好地管理公司的资源。使用AI能帮我们快速找到解决具体问题的方法，让我们能专注在纲领性、指导性的事务上。

我们用元认知这个思考方法来研究抖音如何开展电商业务，看看它是怎么运作的。抖音想要做电商不容易，因为市场差不多都被几个大电商平台占完了，它想分一块蛋糕很难。抖音学习了淘宝、京东、拼多多这些成功的例子，想弄明白它们成为大型电商平台的原因。现在的电商平台大多是“人找货”，但抖音发现了新趋势——“货找人”，就是博主直播带货，观众看了觉得好就下单。

电商的核心就是人、货、场这三样东西，怎么把它们配好是个值得研究的问题。抖音要想在电商这块使上劲儿，就得找到更好的匹配方法，从整体上看问题，站在更高的层次找机会。也就是说，抖音不光要做直播，还得把自家的商城做起来，跟拼多多抢生意，靠订单量取胜。但如果只顾着因GMV（Gross Merchandise Volume，商品交易总额）的增长而高兴，看不到潜在的风险，比如品质问题，那么用户一时冲动买了东西，商户就可能面临着巨量的退货。所以，抖音既要考虑长远的发展策略，又要解决退货问题，那就得继续创新，开发新的业务模式。

总的来说，不管你是初入职场，还是已经取得了一些成就，元认知这个思考工具都能帮你更好地了解自己和周围的世界。运用这个工具，当你遇到困境时，它能帮你清楚地看到自己过去的优势和将来的机会，不会让你白白消耗精力；当你做得不错时，它能帮你看清可能的风险和未来的发展方向，不会让你停在自满的状态。

【升维时刻】

1. 你明年的人生规划是什么呢？
2. 你现在所从事的事业底层逻辑是什么？
3. 把你过往职业生涯的优势以及未来的机会写下来。

03
用项目思维把复杂问题简单化

请你带着这些问题阅读：

1. 你是否觉得只有项目经理才需要了解项目思维？

2. 什么是项目思维五步法？

3. 怎样将项目思维五步法运用在实际工作和生活中？

只有项目经理才需要了解项目思维吗？同样的工作，你有没有想过为什么同事速度更快，做得更好？老板安排的工作，你有没有觉得行动艰涩、举步维艰？我的一个同事L，他是那种默默耕耘型的职场人，有一天，老板给了他一个机会，让他来牵头一个项目。如果这个项目能成功，他就能获得晋升。为了这个项目，他几乎每天都在办公室里苦熬到深夜两点，但是最后，项目还是没能成功。这是因为他缺乏项目思维，所以才错失机会。

詹姆斯·刘易斯认为：项目思维是对工作的一种严谨的思维方式，适用于所有的项目，无论其内容、规模或复杂性如何。要在职场上做得漂亮，把项目做成功，学会像管理者那样思考很重要，也就是要有项目思维。用项目思维来处理日常工作，你就能更容易看出不同任务之间的联系，更快地搞定工作中的难题。掌握了项目管理的技巧，你的职业发展可能会更顺利。

一、打造卓越项目至关重要的项目思维五步法

项目思维五步法能帮助人深入思考问题，经常被用在管理项目或者商业决定上。它能让你从大局出发，看得更远更全面。这个方法在公司管理上用得很多，但其实对个人的成长和职业发展也很有帮助。它包含的五个步骤如表6所示。

表6　项目思维的五个步骤

步　骤	内　容	详情
第一步	明确目的	为什么要做这件事?
第二步	设定目标	主要解决什么问题?
第三步	定义问题	存在的主要问题和痛点是什么?
第四步	方案设计与实施	方案的实施有哪些步骤?
第五步	结果评估与改进	方案如何改进?

朋友Z在一家科技公司上班，有次开会的时候，他发现工作流程可以

优化。他用项目思维把改进的想法分成了几个小步骤，然后一步步去实施。结果他这个改进让团队的工作效率高了不少，领导也表扬了他。因为这件事，他开始接触到公司里更高层的人，慢慢地在职场上也发展得比同龄人更好。

美国项目管理专业资质认证委员会主席保罗·格雷斯强调：在当今社会中，一切都是项目，一切也将成为项目。美国《财富》杂志断言：项目管理将成为21世纪的核心管理模式。项目管理领域有一个普遍观点：创造和使用工具是人类与其他动物的本质区别；是否能创造和使用项目工具是项目组织优秀与否的体现。项目思维五步法不仅解决问题，也助力目标实现。

古往今来，项目思维无处不在。在秦晋崤之战中，秦穆公自恃有内应，试图通过偷袭占领郑国，但这个举动引起邻国晋襄公的警惕。为了阻止秦国称霸，晋国在秦军偷袭不成回师的路上，联合姜戎在崤山一带对秦军进行伏击，一举歼灭秦兵并俘虏三名秦军统帅。在这个故事当中，晋国就使用了项目思维：有目标，阻止秦国称霸；分析形势，秦军士气不足；制订计划，联合姜戎在特定地点进行伏击；评估结果，一举歼灭秦兵并俘虏三名秦军统帅。

在职场上，项目思维能帮助你快速成长。我有个前同事，原本就是一名普通职员。后来，公司搞了个新项目，他被挑中加入团队。他赶紧学习了项目管理知识，协调各种资源，时刻注意可能出现的风险。他不光做到了这些，还提出了一些挺有创意的营销点子，帮助新产品顺利推向市场。

最终，公司的产品大获成功，他自己的能力也提升了不少。

在日常生活中，项目思维也能帮你理清思路、考虑周全。我有个同事，最近陪他老婆去医院做孕检，他竟然把工作里的项目管理技巧用在了这上面，结果出乎意料地顺利。他先确定了主要任务：空腹做尿检和抽血。然后，他把这些任务拆成了几个小步骤：比如早上几点起床、去医院的路上要花多久等等。他把这些细节都考虑进去，还制订了详细的计划，每个时间段该做什么都列得清清楚楚。他们按照这个计划去执行，一切都按部就班。检查完了之后，他们还回顾了整个过程，做了个总结。最后，夫妻俩都觉得这个方法挺管用的，决定以后出门旅游也这么干。

二、如何提高项目管理效率，确保项目成功？

1.明确目的：为什么要做这件事？

“目的”其实就是我们做某件事的根本原因，是我们行动背后的那个驱动力。

记得在地产公司工作那会儿，我接手了一个特别重要的任务，叫作“珠峰”项目，其实就是培养有潜力的总经理。那时候公司发展得很快，需要找到一些能干的地区总经理，这些人的表现直接关系到公司的未来。我按照项目思维的五步法来操作，首先明确了公司搞这个项目的初衷：培养出能带领团队的总经理。因此在设计这个项目的时候，我们把它搞得有点像EMBA课程，要学两三年。不光要上课，还得参加各种实践活动，比如“荒岛求生”“极限挑战”。这些活动挺有意思的，能真正考验一个人的能力。通过这个项目，我们发掘出了不少有潜力的总经理，对公司的发展起到了很大的作用。我个人也因为这个项目的成功和公司的高层有了更多的接触，能力也得到了显著提升。

2. 设定目标：主要解决什么问题？

做事情总得有个目标，这个目标得跟我们做的事情紧密相关，还得能体现出我们想要解决的问题是什么。比如说，你想换工作，那就得用项目管理的思路，考虑清楚换工作是为了解决什么问题，这样你就能评估眼前这个工作机会，是不是真的适合你的职业规划。

3. 定义问题：存在的问题和痛点是什么？

哪些原因会导致我们的目标无法实现或难以实现？我们去分析痛点和问题时，既需要注意客观因素，也需要注意主观因素。

我减肥这事儿，以前总是三天打鱼两天晒网。不过，后来我采用了项目管理五步法，还真的帮我达成了目标。首先，我得搞清楚我为什么要减肥，不仅是为了身材好看，更是为了身体健康。然后，我定了个目标，比如一个月减掉10斤。目标有了，在达成这个目标的过程中出现了很多问题，我就开始找问题在哪儿。我渐渐发现当自己压力大的时候，就特别爱吃东西，而且我也不是很喜欢长时间运动，这些都是我减肥失败的原因。为了解决这些问题，我开始尝试冥想、看书、找朋友聊天，用这些办法来缓解压力。至于运动，我每天早上起来会做拉伸，大概5到10分钟，每周还会去上一次健身私教课。最后，我终于坚持下来了，减肥也成功了。

当你发现了问题的本质，并且知道怎么满足那些深层次的需求时，你的解决办法才会真的管用。这就是用项目思维五步法来思考问题带来的好处。

4.方案设计与实施：方案的实施有哪些步骤？

要想完成项目的目标，重要的是要把那些理论上的需求变成一个个能实际操作的小任务。就好比你面前有个大苹果，你不可能一口就吃完，得把它切成小块，一点点吃。项目管理就是教我们怎么把大问题拆成小问题，一步步解决，让事情变得简单。

我有个同事，他特别喜欢做计划，但问题是他的计划里头总是塞满了看起来根本不可能做到的事情。这样的计划显然没什么用，他的工作效率也没见提高。因此，在设计方案的时候，每个步骤都得是能实际操作的，并且与我们分析出的问题、定下的原则和指导方针保持一致。

5.结果评估与改进：方案如何改进？

《易经·益》中写道："君子以见善则迁，有过则改。"这句话的意思是，一个人见到好的事情就要努力学习，有了错误就要马上改正。这种总结、反思、改进的过程是一种"复盘"。

曾国藩有个好习惯，做完一件重要的事后，他会点上香，然后安安静静地回想整个过程，想想自己做得好的地方和需要改进的地方。这个习惯对他帮助很大。

后来，这种复盘的理念被带到了联想集团，开始在公司里推广。到了2011年，联想集团根据多年的实践经验，把这个理念整理成了一套有条理的方法，还在全世界推广使用。

为什么我们需要复盘，需要评估与改进？我们的计划可能不会完全达到预期目标。事情做完后，要回顾总结，这样以后可以做得更好。

其实，项目思维五步法并不复杂。你一旦开始用这些方法，就会发现原本一团糟的问题好像慢慢理出了头绪。如果你养成了这种深入思考的习惯，无论是处理公司里的大项目，还是规划自己的成长路线，都能把事儿办得漂亮。你的人生也能像开了挂一样，事事顺利。

【升维时刻】

1. 在项目初期，你如何确保充分理解目标，以建立团队对项目的共同期望？
2. 你怎样制订有效的项目计划，并在执行中保证计划的顺利实施？
3. 你如何实现对项目进度、资源和风险的实时监控，并依据实际情况进行必要的调整？

04
用用户思维看到需求和机会

请你带着这些问题阅读：

1. 你是否觉得明明已经很努力了，却怎么也得不到领导的认可？

2. 你是否觉得方案已经努力改了N遍，却始终没让客户满意？

3. 你是否很想要快速拿到结果，获得成功？

很多人在职场上可能都遇到过这样的事：辛辛苦苦根据客户的要求改了很多次方案，结果客户最后说还是最初的版本好；给产品加了很多新功能，以为用户会喜欢，但用户却说更喜欢原来的老版本；自己拍的短视频明明挺有意思的，但观看的人却没几个……这些情况之所以发生，可能是因为你在做这些事的时候，没有站在用户的角度去考虑问题。埃隆 · 马斯克曾说：最好的产品是那些能够解决用户问题的产品。

攻入咸阳时，刘邦通过与百姓的互动，了解他们的需求和心理，取消了秦朝的苛捐杂税，让百姓得到了实际的利益，赢得了民心。

作为唐朝的第二位皇帝，李世民非常注重“用户思维”。他通过“纳谏”和“求直”，听取大臣们的建议和批评，了解国家的运作情况和百姓的生活状况，实行了一系列有利于百姓的政策，如减免赋税、兴修水利、发展农业等，使唐朝逐渐繁荣起来。

他们的成功告诉我们用户思维的重要性，其实从古至今，用户思维无处不在，无处不生智慧。如果你能像谈恋爱一样把握你的客户，那你一定会取得成功。

一、用户视角助你打造优质产品

用户思维就是站在用户的角度去想问题，用他们听得懂的话来理解他们关心的事情，帮他们理清楚思路，做出选择。这样，他们就能很快找到解决问题的办法。马克·安德森曾说：用户不是要购买你的产品，他们是在寻找解决问题的方法。这种思维方式将用户需求和体验置于产品设计和开发的核心位置，引导创新过程，并帮助企业更深入地理解用户及其需求，从而提升用户体验和满意度。

2001年，市面上有着各种各样的MP3播放器。就在这个时候，苹果公司推出了iPod。苹果没跟风去堆砌一大堆功能，而是把心思放在了怎么让用户用产品用得更舒服上。因此iPod的外观简单大方，操作起来也特别方便，尤其是那个标志性的圆形按键，让人在任何场景下都可以轻松地切换到自己想听的歌曲。这种处处为用户着想的设计，让iPod很快就在市场上火了起来，也彻底改变了大家听音乐的习惯。

简单来说，用户思维不仅要关心用户想要什么，还要把他们的习惯、喜好、期待、文化背景等因素都考虑进去，并将这些因素融入做产品的过程中，然后不断地改进产品，让它越来越好。

二、用户思维助你发现真实需求

20世纪80年代，可口可乐面临百事可乐的强劲挑战，市场份额有所下滑。为扭转局势，公司开展大规模口味测试，盲测结果显示，消费者偏好更甜的口味，新配方可乐胜过经典款与百事。于是，1985年可口可乐用“新可乐”替代经典配方。然而，产品一经推出，消费者的抵触声浪汹涌，大量投诉、抗议纷至沓来。此时公司才惊觉误判了用户需求，消费者对经典可口可乐怀有深厚情感，品牌忠诚度远超口味偏好，这才是隐藏在背后的真需求。最终，可口可乐公司紧急补救，重新推出“经典可口可乐”。此番波折让其深知辨别用户需求时，要综合考量品牌情感、消费习惯等多元因素，不能单看产品测试结果。

我们的大脑经常会凭感觉，或是干脆依照一些冰冷的数据就试图走捷径、下判断，却忘了商业真正的价值在于所做的事是否真的利他。如果一个公司不能辨别用户的真实需求，用户自然也不会愿意为其买单。销售人员如果只会不停地夸赞自己的产品有多好，而不关心客户真正的需求，那生意也难做成。同样，求职者如果在面试时只说自己的经历，不展示自己的能力如何匹配这个岗位，那面试成功的概率也不大。在市场部招新员工的时候，我面试了一个候选人。他面试时讲了很多自己的学习经历和工作背景，但对市场营销这个职位的工作内核理解不够。我几次尝试引导他谈谈对这份工作的看法，希望他能展现出对岗位的理解和热情。但他依然停留在大谈自己的经历中，没能表现出对市场营销工作的深刻理解。最后面试没通过。

实际上，无论是消费者还是面试官，一般都没什么耐心，毕竟大多数人每天都要应付海量的信息，不可能对每条信息都付出大量时间深入了解。

西奥多·莱维特曾说：客户不是要买钻头，客户要买的是墙上的那个洞。

用用户思维找到那个真实的“洞”，而不是盲目地研究如何让钻头更花里胡哨，逼迫用户花更多的时间研究如何使用“钻头”，这才是商业或个人发展成功的本质。

三、如何提升用户满意度，增强服务响应？

时代飞速发展，要想生意做得好，最关键的是要懂得用户思维。只有真正搞明白顾客需要什么，企业才能提供让顾客满意的产品和服务，才能在市场上站稳脚跟，得到顾客的喜爱。理查德·布兰森曾说：不要让用户去适应你的产品，而是让你的产品去适应用户。那么具体要如何培养用户思维，让产品适应客户呢？

1. 用户生态

在产品的不同发展阶段，目标用户群体会发生变化。产品经理需准确描绘用户画像，识别当前产品是否满足他们的需求，区分真实与潜在用户。定义用户时，应考虑以下要点。

- **用户细分**：明确用户分类的细致程度，如电商可通过RFM模型（Recency，Frequency，Monetary，最后一次消费时间、消费频率、消费金额）细分用户群体。
- **用户边界**：确定与产品相关的用户范围，做好强关系与弱关系用户的界定。
- **用户优先级**：在用户生态图中，根据重要性对用户进行排序，区分重要与次重要用户。
- **用户画像**：利用关键特征描述用户群体，包括基本信息和与产品传达的相关的生活方式、价值观等。

做好用户画像，是让产品受用户欢迎的基础。一家初创公司首先通过市场调研收集目标用户的数据，创建用户画像。接着，团队里的成员会模拟不同的用户，亲自去体验产品。同时，公司还会定期请来真正的用户，参加讨论会，让开发团队能直接听到用户的意见。通过这些做法，团队慢慢形成了一种以用户为中心的工作方式，这让产品的改进更加到位，用户的满意度也提高了很多。

2. 用户场景

一个用户场景由用户（People）、情景（Scene）、触发（Trigger）、问题（What）组成，也就是PSTW模型。（见表7）

表7　PSTW模型

组　成	具体内容
用　户	用户生态，通过定义用户、用户画像来熟知用户的基本信息
情　景	场景必基于一个时空中，在某个空间和某个时间内遇到的情况
触　发	在遇到某一情景后，会想到什么
问　题	为什么会想要做某件事情，需求就产生了

通过对场景的描述，分析用户在当前场景的需求，从而设计出能解决用户问题的产品。

当年我工作的地产公司想要设计一个适合年轻人居住的长租公寓。我们怎么运用用户思维来设计项目方案呢？首先要考虑以下问题：这个公寓是给谁住的？谁付费？他们有怎样的特点？又有怎样的需求？用户场景分析见表8。

表8　用户场景分析

特　点	具体描述
用户画像	90后年轻群体
用户特点	年轻，有想法，有活力，时尚，宅

续表

特　点	具体描述
用户需求	安全，归属，一定的社交属性
影响人群	最终决定购买的可能是他们的父母

我们根据年轻人的需求设计了一些方案，比如：24小时保安巡逻，房屋内设置紧急报警按钮，满足安全需求；设置共享健身房，规划网红餐厅、电影院区域等，满足休闲需求；不定期举办联谊活动，满足社交需求。这个项目非常成功，很多租客都非常满意，这个公寓区也长时间处于“满员”状态。

3. 用户旅程

如果说用户生态本身是静止的，那用户旅程就是让用户“动起来”。用户旅程有自己的规划和设计，但每个用户旅程大致都分三个阶段和六个关键要素。（见表9、表10）

表9　用户旅程的三个阶段

阶　段	内　容
阶段一	做某事前的准备
阶段二	做某事的过程
阶段三	做完某事之后

表10　用户旅程的六个关键要素

关键要素	具体内容
用　户	为用户旅程提供了某一个视角，有利于构建一种清晰的论述
情景 & 期望	描述了用户旅程需要面对的情况，和用户面对该情况特定的期望
目　标	用户想要达到的目标，与期望相对应，目标会根据期望的改变而变动
行　动	用户采取的实际行为和行动的步骤
想法 & 感受	对行动的结果，有自己的想法和感受，这是需要用同理心去体会的部分，也是差异化需求的开始
情　感	贯穿于用户旅程中的各个阶段，代表了用户体验过程中情绪的起伏，这种情感分层可以告诉我们用户对产品的喜好和不满

我曾经有个下属，她特别懂得怎么站在用户的角度想问题，因此她的事业发展得很快。我交代给她的任务，她都能做得特别好。她还会主动告诉我她在工作中收集到的信息，比如她和一线经理聊天时了解的他们遇到的问题。这些信息对我做决策很有帮助。有一段时间，我被公司派去管理营销部门，那时候我急需有人能帮我把人力资源这块工作做好。她不仅帮我把人力资源的工作全搞定了，还帮我思考管理营销部门的问题。她得到了很好的晋升机会，也成长了很多。我培养出了一个接班人，自己也因此有机会成为公司的CHO（Chief Human Resource Officer，首席人力资源官）候选人。

我的另一个朋友K女士却遇到了不同的遭遇。她在一家传统事业单位工作，他们科室接了个新项目，大家都觉得这是个大好机会，铆足了劲想把它做好。为了这个项目，他们前期调研的时候特别辛苦，大热天全国各地到处跑。可就在他们准备开始干的时候，单位的大领导突然说这个项目不做了，因为他快退休了，不想冒险，就想稳稳当当的。我朋友和她的部门领导听了这个消息，感觉就像被人从头到脚浇了一盆冷水，心里特别郁闷。如果继续待在那里，她的热情和冲劲都会被慢慢磨掉。最后，她决定离职。在这个过程中，K女士没有试着去理解领导的想法，领导也没有去理解下属的想法，大家都没有站在对方的角度考虑问题。

另外，筛选用户也极为重要，我们可以借用用户思维来分析一个人是否能成为我们真正的用户。如果发现用户和产品的基本价值观大相径庭，与其把时间浪费在不对的人身上，不如去寻找对的人。就像谈恋爱一样，和对的人在一起才能获得美满的结果。托尼·罗宾斯曾说：在寻找客户的过程中，质量比数量更重要。一个忠诚且热情的客户比一百个不感兴趣的客户更有价值。将用户思维运用到职场上，运用到产品开发中，会对你的晋升有很大帮助。只有真正理解客户、理解你的领导，你的工作才有价值，才有被看到的机会。

【升维时刻】

1. 你如何深入掌握目标用户的核心需求和问题，提供相应的产品和服务？
2. 在产品设计和运营中，你怎样持续改善用户体验并增强功能、界面和互动性，以提升用户满意度？
3. 你如何与用户建立有效沟通，主动收集反馈，并据此调整产品以满足他们的期望？

05

用输出倒逼输入，培养学习力

请你带着这些问题阅读：

1. 你是否总觉得自己明明很努力，成长进步却比较慢？

2. 费曼是谁？费曼学习法又是什么？

3. 怎样运用费曼学习法实现个人的快速成长？

我最近一直在思考一个问题：为什么同在职场中，有的人晋升就像坐了火箭，而有的人一辈子就只能当个小职员？我有个同事，和我差不多是同一时间进公司的，但她到现在还是普通员工。最近她问我：“你是怎么做到的？我哪里做得不够好？”我想，可能是因为她不太会学习。

我给大家分享一个学霸秘籍。有一个农民父亲，他的女儿考上了清华，儿子考上了北大。有人好奇地问他：“你把两个孩子都送进了名校，是不是有什么绝招？”农民父亲挠挠头，憨厚地说：“我这人没什么文化，也不懂什么绝招，只是觉得孩子上学花了那么多钱，不能白花了，就让孩子每天放学回家，把老师在学校讲的内容跟我讲一遍，如果有不懂的地方我就问孩子，如果孩子也不懂，就让他们第二天去问老师。这样一来，花一份钱，教了两个人。奇怪的是，孩子学习的劲头特别强，就算别的孩子在外面玩得特别开心，他们也不受影响，一直专心学习，直到考上清华、北大……”其实这位父亲所用的，就是费曼学习法，只是他没意识到而已。运用这种学习法，能让你在职场上快速成长，成为行业高手。

一、以教促学提高学习效率

理查德·菲利普·费曼是美国著名的物理学家。他讲授物理知识时总是能够做到深入浅出，学生们都很喜欢听。每次他开讲座，教室里都坐满了人。他创立的费曼学习法，主张通过教授他人来促进自己的学习。费曼曾说：如果你不能简单地解释它，你就没有真正理解它。这种方法既能帮助我们快速掌握新知识，还能加深理解和记忆。

费曼学习法的核心在于以教促学，他认为学习可以分为被动学习和主动学习，而教授他人是一种高效的主动学习方式。这种方法能帮助人们在20分钟内深入理解一个概念，且难以忘记。

罗伯特·海因莱因认为：最好的学习方式是教授。以教促学，教学相长。孔子的思想之所以这么深邃，可能就是因为他在教书的过程中不停地思考，对各种事情的理解越来越深，最后就成了大家尊敬的“圣人”。

二、符合大脑认知机制，促使深入理解的费曼学习法

费曼学习法之所以有效，是因为它符合我们大脑的认知机制。当我们教别人时，我们必须自己先把知识点搞懂，不能只是简单记忆，而是要理解本质，每一个要点都清楚明白才行。如果在讲的过程中遇到了问题，就说明我们对这一部分的知识点理解得还不透彻。朋友小E是做市场分析的，他用费曼学习法学会了一套新的数据分析工具。他先是给同事简单介绍了这个工具的大概情况，通过教别人，发现自己学习的不足。之后他又查资料又练习，最终他教会了所有人该工具的高级操作方法，从而提升了整个团队的分析能力。

费曼曾说：学习如何学习。我们平时学习的时候就像看PPT，面对零散的知识点，我们通常不会花时间将其串联起来，只是简单记忆就认为自己已经学会了。遇到不懂的难题也自然而然选择了跳过，几乎不会花时间和心思去真正地解决问题。然而，教授他人则要求我们将知识点串联起来，形成完整的知识体系，重点难点也要搞得清清楚楚。一旦逻辑不成立或出现问题，就会引起他人的疑问，我们就必须去花时间搞清楚，再向他人传授。这正体现了费曼学习法“以教促学”的核心原则。

M老师是教历史的，为了让学生更好地理解法国大革命，她把学生分成几个小组，每组挑法国大革命里的一个重要人物，比如罗伯斯庇尔或者

拿破仑。然后，每组准备个小演讲，给班里的同学讲讲这个人物的一生和对革命的影响。学生们通过搜集这些角色的资料，不光记住了历史事件，还弄懂了社会背景和人物动机。这样，他们对法国大革命就有了更全面、更深入的理解。

三、如何促进知识内化，提高应用能力？

我最初工作的外企很重视培养内部讲师，特别关注这些讲师的成长。对我来说，费曼学习法超级有用，它不仅让我自己成长为一名讲师，而且还帮我带出了公司的许多讲师。那么，费曼学习法具体怎么用？

首先，我定下目标——我要成为公司专门培训领导力的讲师。为了实现这个目标，我自己得先学习消化领导力的内容，然后再想怎么设计课程。在设计课程时，我想象我教的是孩子，要把知识讲得简单又有趣，那我自己就得先掌握领导力的底层逻辑，用简单直白的语言来表达。

之后，我会和关系好的同事进行讨论，让他们先提问，我来解答。在这个过程中，我很快就会发现自己的盲区，再根据这些盲区有针对性地进行深入学习，一定要把每一步都弄清楚。接下来我再去讲给其他同事听，发现有问题就再去补漏洞，再去研究，然后再讲给领导听，甚至讲给公司外部的人员听。

在这个过程中，我就是用了费曼学习法，一点点改进，一步步提高。最后我发现，我对“领导力”这个概念的理解比以前深刻多了。费曼学习法不仅帮我成为一个专业的讲师，还让我的人生有了更多的可能性。

我们来总结一下费曼学习法的具体步骤。

1.确定学习目标

这是一个预习、复习的过程，拿出一张白纸，在页面顶部记下新知识和记不清的旧知识，这是你要学习的重点。

2.模拟教学

想象一下，你现在要将这个知识点教给一个不满10岁的孩子。当你要用小孩子可以理解的语言来教授时，你就能迫使自己在更深层次上掌握这个概念，并理解概念之间的关系和联系。

3.温习回顾并强化理解

在第二步中，你可能会突然发现自己有些问题没有理解，不能将重要的概念串联起来。你要马上翻开课本，找到知识点所在的位置，重新温习回顾，加深并强化对知识点的理解。

4.将语言简化并传授

现在你已经重新回顾并温习了，你再次尝试将这个知识点讲给小孩子听，让孩子能够理解。如果你对知识点的解释逻辑清晰、通俗易懂，那就意味着你确实学会了。

上述步骤，如图7所示。

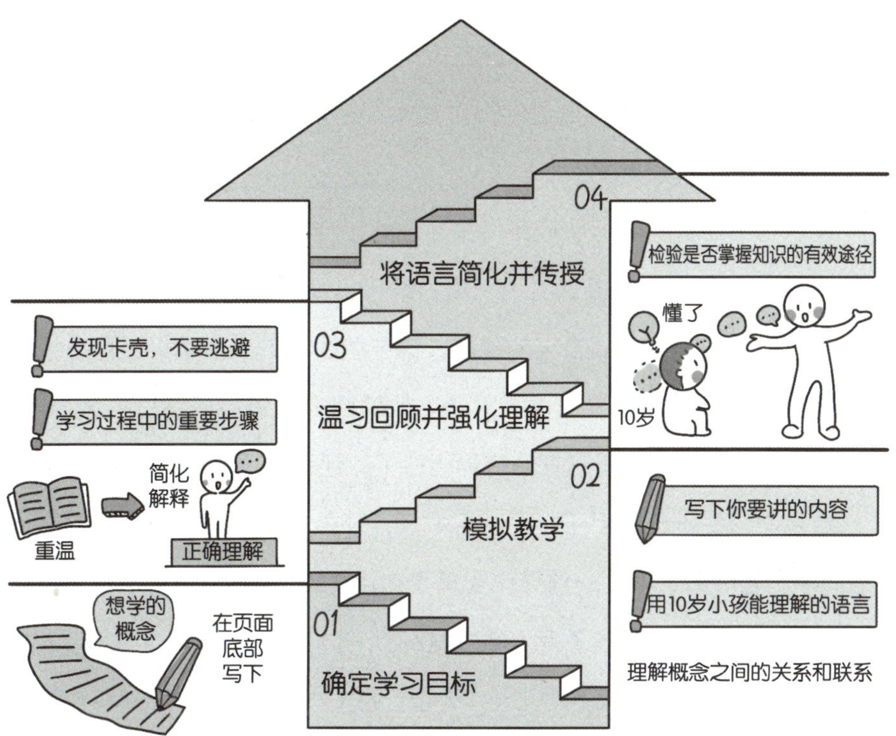

图7　费曼学习法的具体步骤

《礼记·学记》中有句话：是故，学然后知不足，教然后知困。知不足，然后能自反也；知困，然后能自强也。故曰教学相长也。费曼学习法之所以这么管用，是因为它要求你把要教的东西讲得连小孩子都能听懂。如果你能让小孩子明白，那就说明你自己对这个知识点理解得特别透。这个方法能让我们清楚自己是不是真的掌握了知识。

我有个同事是搞财务分析的，面对那些复杂的会计规则，他决定用费曼学习法来学习。他先自己学习，然后试着给我们这些不懂财务的人解释。在解释的时候，他发现自己有些地方没搞太明白，就回去研究，然后再来给我们讲。这样，他不仅自己学得更扎实了，还帮我们理解了财务报告，让整个团队工作起来更顺手。

在职场中，费曼学习法能帮你快速理解工作内容，还能帮你带领团队共同成长。我有个朋友最近当上了项目经理，面对复杂的项目管理系统，他想用费曼学习法来提高自己的理解。他先给团队的人简单讲了讲系统是怎么运作的，如果发现自己讲不清楚，他就回去查资料，然后再试一次。这样反复几次，他不仅自己把系统弄明白了，还帮助团队的人理解了。

费曼学习法不仅能用于自己学习成长，还能用来帮助孩子。我们常说“不辅导作业母慈子孝，一辅导作业鸡飞狗跳”，那么，怎样运用费曼学习法辅导孩子做作业，让孩子爱上学习呢？

我有两个孩子，二宝上幼儿园，大宝正在上小学。虽然我从小就成绩优异，但辅导孩子实在是一大难事。有一天，我尝试用费曼学习法辅导孩子做作业，没想到效果特别好。我先跟孩子一起确定要解决哪道数学题，接着，我带着他一起回顾解题思路，看看哪里有错误，哪里还不明白。找到这些难点和问题后，我鼓励他多想想，尝试从不同的角度理解问题，可能会有新的发现。当孩子重新推导和计算的时候，我在旁边一直鼓励他，直到他找到了问题所在，并且成功解决。这时候，我让他分享他到底是怎么做到的。其实这就是回顾和反思，而且是带着成就感的回顾和反思。最后，我会找一些类似的题目让他再练练，这样他就能更好地掌握这类题目的解题技巧。

费曼学习法不仅帮孩子学会了解题，还教会了他面对难题时不退缩的勇气和智慧。孩子对数学越来越有信心，也越来越感兴趣，成绩自然也就上去了。我发现这个方法不仅适用于数学，用在其他科目上也挺管用，孩子的整体成绩都有所提高。而且，通过这种方式辅导孩子，我们之间的交流更多了，亲子关系也变得更加亲密。

“费曼学习法是一种强大的学习工具，它逼迫我们以最简单、最清晰的方式去理解和掌握知识。”理查德·费曼的这句话直接表达了费曼学习法的价值，它要求我们用简单的语言和方式去教授他人，从而使自己更深入地理解和掌握知识，很多学霸都用这种方法理解知识。只要你愿意，你也可以通过费曼学习法成为所在领域的专家。

【升维时刻】

1. 在使用费曼学习法时，你如何设定明确的学习目标，确保所学与个人需求和兴趣相符？
2. 你怎样通过深刻理解知识，并用简单明了的方式向他人解释，以加深自己的理解？
3. 使用费曼学习法后，你如何进行复盘和自我反思，识别并改善自己的不足？

06 做最有挑战的事情，才是进步最大的

请你带着这些问题阅读本章：

1. 什么是韧性思维？
2. 为什么我们需要韧性思维？
3. 怎样培养出自己的韧性思维？

美国芝加哥贫民区曾经有一个黑人私生子。他自幼不知道自己的父亲是谁，他的母亲是一个聋哑且患有精神疾病的可怜女人，他自己则患有先天性脑部动脉肿瘤。他自小就被迫离开无法自理的母亲，在不同的收养家庭里流浪，过着食不果腹、受人欺凌的艰难生活。到了15岁时，他的身体开始局部瘫痪，他的养父母赶走了他。为了活下去，他做了许多小偷小摸的事，甚至进了少管所。读到这里，大多数人都会觉得他这辈子已经没有

希望了。

然而命运的转折总会悄然而至。他后来经过朋友的介绍，在一家小公司里找到一份仓库工人的工作。虽然一开始只是个普通工人，但他非常努力，不到三年，就当上了部门经理，而且还是公司里最年轻的部门经理。五年后，他和一位女同事结了婚，之后离开公司独自创业，很快就获得了事业上的成功。这是出自M.斯科特·派克《少有人走的路》里一位35岁商人的真实故事。无论遭受怎样的挫折，他都没有放弃努力，即使再不被人看好，他都依靠自己的坚持走出一条光明坦途。这就是韧性的力量。

反观自己，倘若你在职场上面对挫折和困难，你会怎么做呢？是否会像曾经的我一样常常止步不前，总觉得自己已经足够努力，却又总是不能如愿？罗伯特·格林·英格索尔说：只有经受住考验的人，才能获得真正的力量。做最有挑战的事情，才能得到最大的进步。

一、面对挫折也能茁壮成长

“韧”，在《说文解字》里的解释是“柔而固也”。比如一张熟牛皮，它就是“柔而固的”，就算你再怎么蹂躏它、撕扯它，它都不容易断裂，这就叫作“韧”。

美国心理学会将心理韧性定义为：“个人面对逆境、创伤、悲剧、威胁或其他重大压力的良好适应过程，即对困难经历的反弹能力。”大多数人对韧性产生过误解，以为“熬着、吃苦、挺住”就是有韧性，其实韧性=复原+成长+获益。

1975年，27岁的中国登山队队员夏伯渝，在随队攀登珠峰时，因队友不慎丢失睡袋而让出了自己的睡袋，他因此被严重冻伤，最终一双腿被截肢，47岁时他又患上了淋巴癌。即便如此他也没有放弃最初的梦想，依旧坚持训练。65岁时戴着义肢再闯珠峰，遭遇雪崩失败；66岁再度出发，又遇上了尼泊尔大地震，功亏一篑；67岁时他再度挑战，在距离顶峰仅剩94米时，遭遇高空风，为了向导的生命安全，他必须回撤。直到69岁时，他才终于成功登上珠峰，他不仅成为中国残疾人登顶珠峰第一人，也是世界珠峰登顶纪录中年纪最大的一位残疾人。他的故事告诉我们，人没有那么脆弱，只要有足够的决心和毅力，就能克服万难，实现梦想。当然，有韧性，不是故意找苦吃，找困难硬上，而是要找到自己真正的事务。因为只有热爱，才能支撑着人类坚持走下去。韧性不光是遇到困难时不被打倒，更重要的是能积极面对，从困难中学习，让自己变得更强。韧性与应对能力、适应性和心理弹性等概念密切相关。

有位担任销售部经理的朋友X女士，有一阵子他们公司的产品突然不好卖了。她没有惊慌失措，而是带着她的团队仔细研究市场，发现顾客的需求变了。她立刻调整计划，并亲自去见客户，了解他们对于产品的意见。在她的带领下，团队又充满了士气，继而快速推出了更符合顾客需求的产品，产品卖得越来越好，逐渐在市场上拥有了自己的一席之地。

二、不以物喜不以己悲的韧性思维

面对困难，有的人习惯了失败，觉得自己不管怎样都做不到；但另一些人却能展现出强大的适应力。到底是什么让人和人之间的差距这么大呢？罗伯特 · 弗里茨曾说：在困难面前，你可以选择屈服，也可以选择变得更强。我曾经有个同事，但凡领导给他的任务困难一点，他都要找领导抱怨，工作态度也很消极，得过且过。时间长了，哪怕他有时候工作做得还不错，领导也不看好他。最后，公司裁员的时候，他很自然地成了裁员名单上的一员。

在遇到难题时，我们经常会本能地想要逃避。我们都知道我们的大脑会产生多巴胺，因此当我们做轻松的事（如追剧、吃东西）时，更容易获得大脑多巴胺的即时性奖励。如果是处理困难且复杂的事务，大脑的奖励机制就无法被马上激活，人也很容易因为困难的事务从而产生畏缩感，害怕自己无法处理，继而干脆不直面现实，也不愿着手解决问题。连自我启动都不愿意，自然谈不上韧性。

也是在读了长江商学院副院长张晓萌老师的《韧性》这本书后，我才意识到，面对困难时，我们应该抱有什么样的心态才能启动韧性机制。张晓萌老师曾经和一位修行多年的上师交流探讨了整整4小时，上师认为人生“无常，即恒常”。人的一生是无常的，习惯了无常，其实也就是恒常。万科内部有一句名言，叫作“拥抱不确定性”，勇敢地拥抱人生中的所有不确定性，把无常看作日常，才能走过困难，而这个能够坚持走过困难的能量，就是韧性。

苏东坡晚年曾这样评价自己：“问汝平生功业，黄州惠州儋州。”这句话很好地总结了他跌宕起伏的一生。他出身书香世家，自幼精通诗书辞赋，才华横溢，顺利考中进士，前期仕途还算顺利，却因“乌台诗案”锒铛入狱，险些丧命；人到晚年，依然颠沛流离，流落他乡。但因为他有极强的韧性思维，无论面对怎样的困境都能自得其乐，能在穷苦困顿中写下《猪肉颂》，研发出东坡肉1.0版本的做法；能在开垦荒芜之地之余写下“市为不二价，农为不争田”；能在风雨飘摇中写下“一蓑烟雨任平生”“也无风雨也无晴”。

韧性对个人和团队都特别重要。它帮我们面对挑战，适应变化，保持积极向上。有了韧性，我们遇到难题时不仅能迎难而上，还能在困难中变得更强。

三、如何在逆境中保持积极心态，坚持学习和进步？

张晓萌老师在她的书里讲了一个“韧性飞轮”的模型，这个模型帮我们理解怎么面对和接受挑战。该模型由三个核心要素组成：觉察、意义和连接，分别对应我们与自己、世界和他人的关系。

1. 觉察：这是你与自己的关系，包括对自身心理状态、归因模式等的认知、觉察和改变。觉察的核心是ABC模型，其中A代表事件（Adversity），B代表你的想法（Belief），C代表结果（Consequence）。

我们的感受和行为并非直接由事件决定，而是受我们对事件的解释和想法影响。因此，我们需要对自己的想法有清晰的觉察。

2.意义：这是你与世界的关系，关于你的生活目标和价值观。探寻生活的意义可以帮助我们在面对困难时找到动力和方向。

3.连接：这是你与他人的关系，包括建立和维护人际关系，以及寻求社会支持。与他人的连接可以提供情感支持，帮助我们在困难时期保持韧性。我朋友之前在做一个项目，客户对他不满意，提出了质疑。家里人给了他很多支持和安慰，他振作起来，耐心地跟客户沟通，一点一点地解决了客户的疑虑。最后，他不仅让客户信任了他，还得到了更多的合作机会。

汤姆是公司的一个项目经理。他才来不久就发现老板的脾气特别大，和他同时进公司的同事常常私下抱怨自己倒霉，碰上这么个老板，渐渐地，那位同事工作起来也就很懈怠，没多久就被公司开除了。汤姆则不同，他想弄清楚老板为什么老发火。他很快就了解到，是因为整体团队的进度跟不上年初制定的目标，老板也有自己的上级，他的坏脾气也是来自对业绩不达标的焦虑。于是他开始努力工作，同时帮助老板协调团队内的关系，自己也交出了不少让老板满意的成果。时间一长，老板对他的态度自然变好了，他们的关系越来越融洽，汤姆在公司也越来越受重视，一路顺利升职加薪。

汤姆和他同事的故事告诉我们，面对同样的困境，不同的心态会产生完全不同的结果。有韧性的思维模式能帮我们在困难的时候保持清醒，积极思考，这样我们就能得到更多正向的结果。

你大概会说：道理我都明白，无外乎是从小大人们就常常教育我要坚持下去，可是坚持也太难了吧！我可以悄悄告诉你一个坚持下去的秘诀，那就是持续小赢。

什么是“持续小赢”呢？其实就是将一个大目标拆解成许多小目标，然后逐个完成，积少成多，最后完成整个大目标。日本著名马拉松运动员山田本一的故事就是“持续小赢”的典型案例，他在每次比赛前都会乘车将比赛路线仔细勘察一遍，并把沿途的标志建筑记下来，比如第一个标志是一家银行，第二个标志是一棵大树，第三个标志是一座公寓，从而将几十公里的马拉松赛分解成若干个小目标。在比赛开始后，他以百米冲刺的劲头朝着一个目标跑去，到达这个目标后调整节奏再冲向下一个目标。用这样的方法，山田本一在1984年及1987年的国际马拉松赛中，两次夺得了世界冠军。人的一生何尝不是一场马拉松？“持续小赢”就是强调在日常生活中不断积累小的成功，积少成多，滴水可以穿石。我们通过这些小成功，可以慢慢培养出坚持到底的心态，这样我们就能不断重复这样的行为，让自己变得更有韧性。

学会珍惜生活中的每一个困难，每一次重要的经历，还有每一次清晰的自我认识。做最有挑战的事，将每一个困难都看作是一次成长的机会，我们的能力也会越来越强。而这种韧性思维会伴随着我们的成长，成为我们不断走向顶峰的稳固基石。

【升维时刻】

1. 你如何理解韧性思维，并认识到它在生活和工作中应对挑战的重要性？

2. 你怎样提升自我调适能力，在面对难题时能够保持镇定，分析并解决问题？

3. 经历挫折后，你如何利用韧性思维促进个人成长，增强未来面对挑战的能力？

第三章

行动升维：成就非凡的自我超越

01

用微习惯开启自律之旅

请你带着这些问题阅读本节：

1. 为什么说自律极具挑战性？

2. 微习惯是什么？它真的有用吗？

3. 如何设定一个微习惯并坚持下去？

“这个月减肥30斤”“每天5点早起，跑步5公里”“今年看完50本书”……几乎每个月我都会给自己定下这样的一个目标，但也仅仅是定下了而已。到月底翻开计划簿发现，完了，又白立目标了……

不知道你有没有这样的经历？上学那会儿，每次放假我都带一大堆书回家，心里想着假期要好好复习。可假期结束的时候，那些书我几乎都没碰过，又原样背回学校去了。

网上有个词叫“立flag”，说的就是设定一个要实现的目标。立下flag后，一开始，我们都很兴奋，凭着最初的热情和决心坚持了那么几天。可是没过多久，行动就因为各种原因中断了。接着我们又开始纠结内耗，最后，不得不承认“我不是一个自律的人”。很多人想成为一个自律的人，但自律其实极具挑战性。

一、习惯形成和自我控制的真相

请相信，你的经历并不罕见，许多人都有类似的体验，这是人之常情。彼得·歌伍兹做过一个试验，他让一些人写下自己的目标，然后让一半的人在房间里大声说出他们的目标，另一半人则不说出来。之后，每个人都可以工作45分钟，他们可以选择努力工作直到目标完成，或者随时停下来。试验结果显示，那些没说出目标的人平均工作了45分钟，他们觉得要达到目标还得继续努力。而那些说出目标的人平均只工作了33分钟就停了。

我们的大脑具有欺骗性，它天生就喜欢轻松简单的事情。如果我们经常把给自己定的目标挂在嘴边，大脑就会误以为我们已经做到了，这样我们就可能不再努力。而那些又复杂又难的目标，因为要花很长时间和精力完成，大脑就会感到不适或负荷过重，继而“罢工”，不再指导我们的行动。我有个同事想改行当作家，他给自己定了个目标，要在三个月内写完一本小说。他每天早上七点起床，忙完家里的事就去上班，下班了还经常跟朋友出去聚会。结果三个月过去了，他的小说才写了两章，大概五千来字。达成不了目标显然不是因为他不够自律，而是他忘记了一件很重要的事——只有对目标保持专注，并且将目标任务设为生活的最高优先级，一切日常安排都需要围绕目标任务，如此方可让目标任务不再只是喊口号。

李笑来老师在《财富自由之路》中提出一个重要公式：

注意力＞时间＞金钱

我们每天都得处理一大堆事情，这需要花费我们的注意力。但是人的精力不是无限的，注意力也会受到心情和周围环境的影响。要是我们累得不行了，再去做那些需要大量意志力的事情，就会感觉特别困难，也没心气儿完成。

2024年1月，利物浦队的主教练克洛普宣布他打算在赛季结束时退休，结束八年半的教练生涯。在采访中，克洛普表示，离任是因为自己的“精力已耗尽”。克洛普那时57岁，带领球队打比赛，无论是对他的体力还是意志力来说，都是很大的挑战，这也是他选择退休的主要原因。

自律是一项挑战，但你会发现身边仍有许多人能够做到自律。那么他们是如何做到的呢？我们又该如何培养自律的习惯呢？答案是依靠微习惯。

二、微小行动让你获得持久成功

《微习惯》的作者斯蒂芬·盖斯也坦言，他曾多次遭遇“失败”。通过深入研究和验证，他得出一个可能颠覆你认知的结论：21天并不足以养成一个习惯。

微习惯就是强迫自己每天做微不足道的积极行为。微习惯的核心理念在于用最少的意志力开始行动，并通过实现每个小目标来获得成就感。斯蒂芬·盖斯最初只计划做1个俯卧撑，但因为1个俯卧撑太容易完成，他通常会做得更多，逐渐形成了习惯。

微习惯的目标并非追求超额完成，而是维持行为的连续性，关键在于几乎不消耗意志力就能开始行动。朋友K告诉我，她之前想养成锻炼的习惯，就按照网上的教程，定了个目标：每天运动一分钟。听起来一分钟很短，但过了一段时间，她开始觉得有点烦。因为要运动，她得先决定好做什么，再找运动的视频，最后才开始动。这个过程其实挺费意志力的。微习惯的要点就是不用费什么劲就能开始做。后来，她把目标改成了“每天做一个后踢腿”，这样就容易多了，她也就慢慢养成了这个习惯。那么，我们究竟要如何创建适合自己的微习惯呢？

三、如何构建持久行为，塑造更好的自己？

养成微习惯的步骤如图8所示。

1.第一步：强化动机——你为什么做这件事？

做一件事，首先要问自己：为什么要做这件事？佩利曾说：美德大多存

图8　养成微习惯的步骤

在于良好的习惯中。为自己设立一个比较强烈的行为动机，能够激励微习惯的养成。写这本书的时候，我意识到通过写作不仅可以整理这些年的经验和想法，分享我的知识，还能帮到那些感到迷茫和焦虑的人，给他们带去信心、勇气和希望。同时，我也希望这本书能成为孩子们的好榜样，为我追求的理想贡献一份力量。想到这些，我就充满了动力，不再像以前那样拖拖拉拉了。

维克多·弗兰克尔曾经被关在纳粹的集中营里，看着周围的人一个接一个地死去，他感到非常害怕和绝望。但他后来想，如果他能活着出去，他要把这段经历告诉学生们，让他们更深刻地理解他的意义疗法；他还想在国际心理学会议上分享这段经历，给那些心理受苦的人带去希望。这个信念让他坚持活了下来。他每天早上起来写日记，一点点积累写作的素材，这也帮助他保持积极的心态。最后，他写出了《活出生命的意义》这本书。

强化动机，促使自己对行动充满信心，不断鼓励自己，提升决定行动的意志力，这是开始养成一个微习惯最重要的一点。

2. 第二步：记录行动，写下你的微习惯吧！

“千里之行始于足下”，十个梦想不如一个行动，梦想最害怕的是拖延和懒惰。正如蒂姆·费里斯在《每周工作4小时》中说：“微习惯是一种简单而又实用的方法，可以帮助我们克服拖延症和懒惰，提高行动力和效率。”

把你想要实现的目标拆分成每周、每天或每次的微小行动。我有个做自媒体的朋友，她在做公众号方面定了个目标，就是每天至少写100字。这个目标很容易做到。哪怕她有时候写得更多，甚至写到1000字，她的目标还是每天写100字，这样她就不会觉得有压力。

3. 第三步：建立复盘机制，今天你完成了吗？

想要养成微习惯，还需要日常复盘。这样做的好处是，每次的成果都能成为下次行动的起点，一点点积累起来，就像存钱一样，越攒越多。爱因斯坦曾说：“复利是人类的第八大奇迹。”我背单词的时候，每天就给自己定个小目标，背10个单词。这样，十天我就能背100个，一百天我就能背1000个。雅思考试6.5分需要掌握的单词也就7400个左右，按照这个节奏，我很快就能背得差不多了。

每天晚上检查一下是否达成了微目标，微量开始，更容易超额完成，而且会非常有成就感。我以前定了个一年读100本书的计划，但总是做不到。后来我改了策略，每天就读一页，或者一小节，读完就记下来，晚上再检查一下。慢慢地，我越来越喜欢读书，读得越来越快，读完的书也越来越多，非常有成就感。

4. 第四步：建立建立回报机制，是时候奖励自己啦！

养成习惯后，给自己一些奖励是很重要的。比如健身，运动完身体会释放内啡肽，让你感到开心。或者你可以每周给自己做顿好吃的，当作奖励。偶尔这样犒劳一下自己，可以让你不那么一直紧张，习惯也能坚持得更久。我在养成健身这个微习惯时，经常会买一些健身器材、好看的健身服、健康零食等作为奖励。

5. 第五步：习惯养成，不知不觉你已坚持这么久！

微习惯真的很容易坚持，但不能同时培养超过4个习惯。如果不断添加要培养的习惯，可能会耗费更多的精力，反而不容易养成习惯。

2023年年初，我给自己定了好几个目标，包括运动、读书、写作和做直播。但是试了几次，都没能坚持下来，最后不了了之。到了年中，我发现运动这块差得远，就打算重新开始。这次我用了养成微习惯的方法，结果真的养成了健身的习惯，还意外瘦了20斤。

我先是把目标定得很小，每天散步5分钟，这样很容易坚持。我还在早上起床后设了个提醒，就像上了发条一样，不用想太多，自然而然就去做了。我还用手机闹钟、提醒软件或者便签来提醒自己。坚持了一段时间后，我每周增加5分钟散步时间。几周后，我能一天锻炼30分钟了。因为已经成了习惯，不用额外费力气。同时，我还用APP打卡，给自己一些小奖励，让这个习惯能坚持下去。

看到这里相信你也发现了，养成微习惯的关键在于小而持续，动起来才是最重要的！微习惯是一种能够帮助我们每天进步一点点，从而实现巨大进步的方法。自律极具挑战性，虽然成功很难，但是用微习惯这个方法，我们可以一点点爬上山巅。只要你每次都认真走好一小步，就能慢慢提高自己，向更好的生活前进。

【升维时刻】

1. 你如何通过微习惯方法改善生活习惯，养成健康的生活模式？
2. 你如何将微习惯融入日常工作，以提升个人效率和成就感？
3. 你如何鼓励团队采纳共享的微习惯，以加强团队合作和促进集体成长？

02

用心流打败“精神之熵”

请你带着这些问题阅读：

1. 什么是心流体验？为什么我们需要心流？
2. 你是否体验过心流？当你做什么事的时候容易感觉到心流？
3. 怎样能为自己创造更多的心流体验？

你有没有过这种体验？当你全神贯注地看书、写作、学习、画画，或者玩游戏的时候，你会完全沉浸在里面。天地间仿佛只剩下你和你手头的工作，你听不见环境的嘈杂，也看不见周围的人来人往……你忘记了自己的存在，仿佛与宇宙融为一体。这种体验就是心流。

朋友J先生是做音乐的，他特别容易进入那种专注的状态。不管是练琴、写歌还是编曲，甚至就连健身的时候，他都能完全投入进去，感觉不到时间的流逝。

当然，进入心流不仅能使你在工作中集中精神、专心致志，还能大大提高你的工作水平。贝多芬作曲的时候，特别投入，有时候会忘了吃饭、睡觉，甚至听不到外界的声音。他在这种状态下，创作出了多部震撼世界的交响乐作品，如《命运交响曲》《第九交响曲》等，这些作品至今仍被誉为音乐史上的杰作。

一、沉浸式体验让你更满足、更出色

心流，这个概念最初由心理学家米哈里·契克森米哈赖在20世纪70年代提出，描述的是一种完全沉浸在某种活动中的状态，这时你会觉得时间流逝得很快，还很享受这个过程。这种状态不仅能够给人带来深刻的满足感，还能让人在技能和专业上达到更高的水平。

米哈里·契克森米哈赖把心流形容成：像是一名水手，握紧鼓满风帆的缆索，任凭海风吹拂发际，感受船只破浪前行的愉悦——此时帆、船、风、海，在水手的血管中产生了一种和谐的共鸣；又像是一名画家，目睹画布上的色彩构成互相吸引的张力，在惊讶不已的原创者眼前形成崭新生命诞生时的感觉；它还像是一名父亲第一次看到孩子向他笑时的喜悦。这种状态很像是《庄子·齐物论》中所提到的："天地与我并生，而万物与我为一。"

在超过两千五百年的时间里，心流技法在佛家、道家都有比较广泛且深入的探讨和使用，其中比较经典的就是道家的心流哲学。《庄子》中《庖丁解牛》这一篇记载了先秦时期一个名叫丁的厨师进入心流状态下工作的故事。庖丁工作时动作优雅，声音也很动听。他在给文惠君解答疑惑时说："我关注的是'道'，是比技艺更进一步的东西。"庖丁平时工作时，看到的是一整头牛；在进入心流状态工作时，他的感官和知觉仿佛都停止了，只凭精神在动作。好厨师的刀一年一换，而在这种工作状态下的庖丁手中的刀十九年都不曾磨损。这就是心流的力量。

二、滋养精神世界卓有成效的心流状态

在现实生活中，我们不可避免地会遇到焦虑、迷茫、疲倦、困苦……这些都可被视为精神上的"熵"。熵在物理学中，主要用于描述一个系统的混乱程度或无序程度。

我刚从外企跳槽到其他企业工作的时候，由于工作方式不同，我也陷入了精神上的"熵"世界，几次濒临崩溃。如果没有心流，我们很容易陷入"熵"的世界，做事提不起劲儿。而心流能很好地协助我们专注且愉悦地完成工作，在高度专注的状态中，创造力和效率也能显著提升。

谷爱凌夺冠后在采访时说："这是我人生最高兴的一天，最高兴的一秒。我最后一跳，做了一个从来没有挑战过的动作，历史上没有女孩挑战过的一个动作。我最后这么选择是因为，不落的话，我还是想做到自己的最好，我想展现给世界我自己的能力。然后，落了，做（到）了，拿到了

这么高的分数，拿到了第一名，赢了冬奥会，今天我都没法形容这种高兴。”这是奥林匹克精神的体现，也是运动员在比赛时产生的一种“无自我性”“无时间性”“无刻意性”的状态，是典型的进入了心流状态的例子，运动员通常称之为“入禅”。

这么美好的心流状态，我们可以主动创造，让它在职场上发挥更大的作用。亲爱的朋友，你是否记得自己曾经全神贯注的时刻？是否渴望再次体验美妙的心流？让我们一起探索如何创造更多的心流体验。

三、如何进入深度专注，改善工作状态？

1. 做自己喜欢的事

屈原在《离骚》中写道：“亦余心之所善兮，虽九死其犹未悔。”追求自己真正想要的东西，做自己喜欢的事更容易进入心流状态。你也可以记录一下自己做什么事的时候是能进入心流状态，这能帮你发现你的兴趣爱好和优势。

有一阵子，我得设计一套特别关键的培训课程。我从早上七点开始忙，一直到晚上十点，整个人精力充沛、全神贯注，越干越来劲，越干越有灵感，连自己是谁、时间过得多快都忘了。就是这种全神贯注的状态，让我仅用了一天的时间就把全部课程做完了，而且做完后并没有觉得疲惫，反而特别满足。有句话叫“唯有热爱可抵岁月漫长”。因为热爱我的工作，我才能在做自己喜欢的事情时进入到心流状态，并且在这种状态里出色地完成任务。

2. 要有目标

目标越清晰越具体，效果越好，明确的目标可以在很大程度上帮助你进入心流。里柯·麦德林是个流水线工人，他每天的工作就是重复做同样的动作大概600遍。这种重复的工作很容易让人感到无聊，但里柯干了5年多还是觉得很开心。他给自己定了个目标，要提高自己的工作效率，打破流水线上的装配纪录。经过5年的努力，他最快的一次只用了28秒就装好了一个部件。别人可能觉得这种工作很累人，但他就是乐此不疲。你看，再怎么枯燥的工作，当你设定具体的工作目标，并不断挑战自我，就能进入心流状态。

当然了，给自己定目标是好事，但别太纠结于达到目标。定目标其实就是个起点，帮你更好地开始，真正重要的是享受做事的过程，那种全神贯注的感觉比最后的结果重要多了。

3. 要聚焦

一般来说，我们手头上要处理的事情一大堆，但真正重要的可能只有一件。要是你能抽出一大段时间，专心致志地去做这一件事，就更容易进入心流状态。

Ann是我出版界的一位朋友，今年她给自己定了个目标，要出一本关于写作的书。她平时超级忙，要处理商务，参加培训，还得照顾家里和团队。这么忙的情况下还要写书，天啊，这怎么可能做到！但她真的做到了，而且只用了一个月的时间。

她先是花了几天时间快速读了十多本关于写作的书，然后又用了十几天时间全神贯注地把这本书写出来。虽然她每天工作十几个小时，但她一点儿也不觉得累，因为她已经进入了超燃的专注状态。这种专注带来的心流让她能高效地完成目标，也让她体会到了成就感和幸福感。荀子说："目不能两视而明，耳不能两听而聪。"要想进入心流状态，就得在一段时间里专心做一件事，这样我们才能更专注，更敏锐。

4.有一定挑战，但难度适中

选择做什么也很重要。如果选择特别简单的事，你可能会觉得没劲；要是选得太难，你可能又没信心去挑战。心流状态通常出现在那种既有挑战性，你的能力也足以完成的任务中。

相传纪昌向飞卫学习射箭，飞卫一开始并没有让纪昌去学习那些高难度的射箭技巧，比如远距离射中极小的目标等这类对初学者来说极难完成的任务，因为那可能会让纪昌望而却步，觉得自己根本没信心挑战，进而放弃学射。

飞卫先是让纪昌练习盯着一个目标不眨眼，比如盯着织布机的梭子，这看似简单，却是基础且重要的一项练习，难度对纪昌来说适中，需要他集中精力，克服自身容易眨眼的习惯。纪昌日复一日坚持练习，慢慢做到了可以长时间不眨眼，之后飞卫又让他练习把极小的东西看成很大的物体，纪昌凭借之前练出的专注力等能力，也成功做到了。

就这样，通过一步步去完成那些既有一定挑战性，又在自己能力范围内的任务，在学射的过程中不断积累、提升，纪昌最终练就了高超的射箭本领，享受到了技艺精进的乐趣，就如同在阅读时选择难度合适的书，既能学东西又能享受乐趣一样。

5. 正向反馈

正向反馈可以来自内心，也可以来自外部。其实每个人都希望自己的努力被别人看到，正向反馈可以帮你产生心流。心流不一定只局限于自己一个人的活动，良好的连接也能产生心流。

我喜欢和同频的人深度沟通。比如我和写作教练晴山老师讨论写书的事情，这对我来说就是一种很棒的心流体验。听她讲的时候，我的想法会变得更开阔，同时我也会分享自己的想法、感受和经历，她会认真听我说，给予我肯定。就这样，我们产生了良好的连接，也在互动沟通的过程中，激发出专注的心流状态。

在这个快节奏的现代社会里，我们常常感到压力大和疲惫，心流可以帮助我们重新找到内心的平静和愉悦。正如米哈里·契克森米哈赖在《心流：最优体验心理学》中所说的：心流是指人们在专注进行某行为时所表现的心理状态，是一种将个人精神完全投注在某种活动上的感觉。当人们处于心流状态时，会产生兴奋及充实感，甚至感觉不到时间的存在。愿你我都能找到自己的心流状态，用魔法打败魔法，抵御这世间无尽的精神之“熵”。

【升维时刻】

1. 你如何在日常生活中进入心流状态，提升生活和工作的品质？

2. 心流体验与幸福感之间有何联系，你怎样通过心流来增强个人的幸福感？

3. 你如何在团队合作中激发心流，以增强团队的凝聚力和效率？

03
用充实的内心 点燃高能量状态

请你带着这些问题阅读：

1. 你是否总是争分夺秒，却仍感觉时间不够用？

2. 你是否总是忙忙碌碌，却感觉好像没什么成果？

3. 怎样才能拥有高效平衡的状态？

作为一个职场妈妈，我每天都忙得团团转，工作、家庭、学习、社交……总觉得时间不够用。更头疼的是，因为工作的关系，我还得经常到处飞，就像一只永不停歇的雨燕，即使偶尔驻足，翅膀也在不停扇动。我曾经以为，好好管理时间就能解决这些问题。但后来我发现，就算我把一天24小时都安排得满满的，还是有很多事做不完，而且就算我尽力把事情都做完了，也会影响我之后的状态，工作效率和工作质量都大大降低。

我很苦恼，难道职场妈妈只能在这样的困境中焦虑迷茫，一直内耗吗？后来我学了点投资的知识，发现管理时间和管理金钱是一样的。彼得·德鲁克在《管理的实践》中指出，我们应管理能量和精力，而非仅仅是时间。这个发现让我有了新的想法，我开始尝试一种叫作“CHA”（Concentrate，Homeopathy，Adjust & Action，即专注力管理、顺势、调频）的高效管理策略，这是我在职场上一直保持元气满满的秘诀。

一、精力管理策略让你永不疲惫

高效能管理CHA三件套是一种精力管理策略，具体如图9和表11所示：

图9　CHA管理策略

表11　CHA具体策略

高效能三件套	具体策略
专注力管理	专注于目标，学会做减法
	一次只做一件事
顺　势	顺势而为
	抓住起床后的黄金一小时
	间隔休息法
调　频	爱自己，让自己快乐
	提高睡眠质量，让你更有精力
	定期复盘，有觉知地活着

二、如何保持精力充沛，高效完成任务？

1.专注力管理：一厘米宽，一百米深

（1）专注于目标，学会做减法

巴菲特曾说：人一生中最重要的是专注。比起高效做完100件琐事，更重要的是确定现在最需要达成的大目标，然后集中精力去做这件事。如果你每天都把时间用在最重要的任务上，学会对其他不那么重要的事说“不”，你的生活就会有很大的改变。居里夫人小时候读书特别专心，周围再吵也影响不到她。有一次，她正专心做作业，她的姐姐和同学偷偷地在她背后堆了几把椅子，只要她一动，椅子就会倒。但是时间一点点过去，居里夫人看完了一本书，那些椅子还是稳稳的。就是因为她知道自己当前

阶段最重要的是学习，而且能专注于此，最后她成了世界上最有名的女物理学家之一。

要专注于目标，还要学会做减法。2023年，我给自己定了个大目标，就是要写一本书，还计划每天写2000字。为了实现这个目标，我重新安排了我的日常时间和要做的事情。我把做早餐的时间用在了外采上，跟家人一起分担辅导孩子作业的任务，家务活请了个钟点工阿姨来帮忙，以前用来追剧的时间也改成了看书和收集写作素材。最后，我成功写完了这本书。神奇的是，我的生活并没有因为多了一项任务而变得一团糟，反而感觉比之前更好了。

（2）一次只做一件事

“Work while you work，play while you play.”（工作时就专注工作，玩乐时就尽情玩乐。）这句话刻在我大学校园的墙上，我经常看到，但并没有真正理解。我曾经把自己逼成了一个全能型的“女超人”。随着职业的发展，我的工作量不断增加，我不得不学会同时处理很多事情，比如一边打电话一边写邮件，一边照顾孩子一边用手机处理工作事务和回复信息。有一段时间，我还挺自豪自己能这样一心多用。但慢慢地，我开始意识到自己的专注力在下降，我很难静下心去做一些真正重要的事，阅读和写作的计划也总是一拖再拖。我开始感到力不从心，生活好像有点失控，焦虑感也随之而来。

接触心理学后我才知道，任务的反复切换是对注意力的极大破坏。有研究表明：我们一个工作日内有28%的时间浪费在任务转换上。就像电脑如果同时开太多程序，运行就会变慢，页面会卡顿，时间长了也很容易坏。我们常常以为效率高就是短时间内做很多事，但其实，专心做好一件事，一个问题一个问题来解决，这样效率更高，完成得也更好。这时候，我才明白大学墙上那个直白却又深刻的道理：专注当下，方得始终。

2.顺势：好风凭借力，送我上青云

（1）顺势而为

我很喜欢约翰·史崔勒基的《世界尽头的咖啡馆》里讲到的关于绿海龟的故事。主人公去旅行潜水时，遇到一只巨大的绿海龟，他想跟上去一探究竟，发现绿海龟看上去游得并不快，可怎么也追不上。很快他就精疲力尽，而绿海龟已经游向远方，不见踪影。后来他终于明白追不上绿海龟的原因：洋流来临，绿海龟会顺着海水奋力一游；海水逆流，绿海龟会漂浮在海上，养精蓄锐。

你是人，是血肉之躯，不是机器，你无法高效利用每一分钟。你要做的就是顺其自然，根据自己的精力变化，找到工作的最佳时段，在最合适的时候去做最重要的事，享受当下的每分每秒。那怎么找到自己的精力高峰期呢？你可以观察自己一天中的状态变化，在不同时间做同样的事情，看看什么时候状态最好，效率最高，你可以在这个时间高效地完成工作。

（2）抓住起床后的黄金一小时

“一日之计在于晨”，早晨的能量状态决定了你一天的精力状态。《精力管理》中有个故事是这样的：彼得很焦虑，他觉得生活一团糟，他想获得高效、平衡、幸福的生活。作者得知每天早晨是彼得精力最充沛的时段，便建议他从6点半开始工作，持续90分钟，其间不做其他任何事情。为了减少精力的分散，彼得在写作期间关掉手机，也不查收电子邮件。早上8点，彼得完成写作，与家人一起吃早餐，开启他高效工作的一天。因为对白天的成果非常满意，晚上他也能全心全意地陪伴家人，过上他想要的生活。

这个故事给我很大的启发。读完之后，我也尝试在早上6点前起来写作，8点开始工作，原来需要花4个小时写的方案，在早上我只用了两个小时就完成了。这样就相当于每天多出了两个小时的时间，可以用来做其他事情，比如学习新知识。这让我进入了一种良性循环，工作状态也变得越来越好。

（3）间隔休息法

还是刚刚彼得的故事。他在8点半左右回到工作岗位上，在不被打扰的情况下工作到10点，然后进行20分钟的休整。第三段工作时间从10点半到12点，结束后他会先外出慢跑，然后回来吃午餐。经过这3.5小时的集中工作，他的产出是往日的两倍。

读到这里，你发现彼得高效工作的秘诀了吗？那就是间隔休息。早点把工作做完听起来很吸引人，按时让自己的大脑休息一会儿也特别重要。那么多久休息一次比较合理呢？一家社会媒体公司的研究者追踪了公司中最有效率的员工，发现他们平均每专注工作约52分钟，就会进行一次约17分钟的休息。心理学家曾说：“大脑如任何其他肌肉一样，需要休息，然后重新投入工作，它的运转效率会更高。”

3.调频：穷则变，变则通

（1）爱自己，让自己快乐

你有多久没有好好关注过自己，给自己一段专门的时间，做自己喜欢做的事？我们需要给自己一些时间。我喜欢瑜伽、冥想、和朋友聊天、见各个行业的牛人，这些活动都让我很开心，也给了我很多能量。我的朋友Ada是做咨询工作的，有一次她给学员做了4个小时的咨询，结束时她感觉有点累，晚上还有应酬。因此在应酬之前，她玩了半小时的游戏，就是为了放松一下。效果还真不错，游戏玩完后，她又精神焕发了。

有时候我们会给自己太多没必要的压力，比如觉得一定要足够认真、足够勤奋，偶尔放松后，会责备自己浪费了宝贵的时间。但实际上，适当地休息一下，再回到工作或者学习中，能让你更专注，做得更好。

（2）提高睡眠质量，让你更有精力

睡眠质量的提高对于健康和精力管理都极为有益。有阵子我因为要和外国同事夜间开会，不得不晚睡晚起，持续了一段时间后，感觉整个人都不太好了。后来我试着调整了一下，睡眠时间还是差不多七八个小时，但是往前调整了一两个小时，感觉就好多了。早上起来后，我还会做10到15分钟的瑜伽，感觉一整天都很有干劲儿。

睡前习惯也很影响你的状态。以前我睡前总是玩手机，经常玩到很晚，第二天起来就感觉特别累。后来我改了这个习惯，睡前不玩手机了，而是看会儿书，这样不仅能帮我更好地放松，入睡也更快，而且看书还能给我的写作提供不少素材。

(3) 定期复盘，有觉知地活着

我想大部分人都经历过这种场面，换新工作或新环境后，感觉自己进入了理不清的混沌状态。工作忙得不可开交，家里状况频出，常常毫无头绪。这种时候，我建议大家试试复盘。找个可以独处的时间，认真问问自己：我今天过得怎么样？什么时候觉得开心，什么时候觉得不开心？不开心是因为缺了什么……通过这样的反思，我开始慢慢改变，内心变得越来越充实，也越来越能感觉到自己真正需要什么。

正如吉姆·洛尔、托尼·施瓦茨在《精力管理》这本书中所写的：人生的成功与否并非取决于你拥有多少能量，而是取决于你如何有效地管理你的能量。最后，我想告诉每一位职场妈妈：用投资思维来做时间管理，首先要成为你自己，拒绝内耗，然后就像那只绿海龟一样，保持元气满满的状态，享受每个当下的海浪。

【升维时刻】

1. 你如何通过实践精力管理来提升个人效率？
2. 你怎样在人际互动中应用双赢思维，实现团队效能的提升？
3. 你如何培养积极主动的态度，面对挑战时做出明智决策，进而提高个人和团队的效能？

04
用ROI模型让决策易如反掌

请你带着这些问题阅读：

1. 面临人生重要的选择，你是否常常纠结于到底选哪个？
2. ROI的本质是什么？它对我们普通人有什么意义？
3. 怎样将投资领域的ROI运用于我们个人工作生活？

你有没有过这样的困惑，自己花费了大量时间在某项工作上，最后发现收益远远比不上付出？我有个朋友之前靠业余时间做手工钩织玩偶来挣点外快，做一个玩偶差不多要花两到三个小时，但每个玩偶还卖不到50块钱。如果她把这些时间用来提升自己的技能，她在正职工作上可能会很快得到晋升。

史蒂芬·柯维的《高效能人士的七个习惯》中有这样一个故事。有一个贫穷的农夫，他只有一只鹅。有一天，他发现鹅下了个金蛋，开始他以为只是巧合，但第二天鹅又下了一个。慢慢地，他发现这只鹅每天都能下一个金蛋，他也就越来越有钱了，整天沉溺于享乐。可是，农夫越来越贪心，他想要更多的金蛋，就想着把鹅杀了，把鹅肚子里面的金蛋都拿出来。结果，他把鹅杀了以后，发现鹅肚子里并没有金蛋。最后，农夫不仅没有得到更多的金蛋，反而没了金蛋的来源，又过回了苦日子。

这个故事告诉我们，做事不能只图眼前的好处，而应该考虑长远一些。如果农夫发现鹅能下金蛋后，没有急着一下子拿到所有的金蛋，而是耐心等待，那他就能每天得到金蛋，变得越来越富有。巴菲特曾说："不要为了短期利益而牺牲长期价值。"我们没有"透视眼"，不能站在上帝视角，那就要综合考虑风险和收益，做出明智的选择，这样才能让自己的财富和能力都得到长久的发展。这种思考方式，就是我们常说的ROI思维。

一、用大局观投资必有回报

ROI（Return-On-Investment），即投资回报率，是衡量投资盈利效率的关键指标。

$$ROI=\frac{净利润}{投资成本}\times 100\%$$

它通过计算投资收益与成本之间的比率，来评估投资的经济效益。如果ROI大于1，意味着收益超过了成本，投资回报良好；如果ROI小于1，则表示成本高于收益，需要重新考虑投资决策。

在工作中，老板经常强调“talk is cheap. Show me the ROI”，意思是光说不练没有用，重要的是要展示投资的实际回报。浪潮云洲看准了工业互联网的发展前景，投入资金开发了用AI来管理供应链的平台。这个平台能帮助企业减少花费、提高工作效率，长远来看，不仅能持续赚钱，还能在行业中居于领导地位。

ROI不仅在企业决策中扮演着重要角色，也可以应用于个人发展，帮助我们做出更科学、有效的决策。我有两个在同一部门工作的同事，领导要求他们必须每周做工作周报，以此来了解他们的工作情况。同事A的周报非常简单，但数据都很清楚，一看就明白；同事B则花费很多时间做PPT，特效满天飞。一开始，大家都觉得B的周报很吸引人。但过了一段时间，领导觉得同事B的周报内容不够丰富，反而更喜欢同事A在周报最后写的工作反思。最后，同事A在不断反思下工作能力显著提升，成了该领导的嫡系，还升了职。

二、如何计算收益成本，做出最优决策？

ROI的计算很简单，其真正的挑战在于如何全面评估收益和成本。ROI的核心在于大局观和价值投资，它将这些概念数学化。在计算ROI时，我们不仅要考虑显而易见的成本和收益，还要关注不那么显眼的隐性成本和收益。

亚马逊公司在2005年推出了Prime会员服务，增加了成本，因为要给会员提供免费快递服务。但这种做法实际上让顾客更愿意在亚马逊消费，他们买得更频繁，变成亚马逊的忠实用户。从长期来看，这个策略帮助亚马逊增加了收入，这是因为Prime会员的购买力远超普通用户。

对个人来说，选择工作、购房或投资股票等，这些决策都需要我们投入时间、金钱和其他资源。吉姆·罗恩说："投资于你的长远目标，因为短期的牺牲会带来长期的回报。"长江商学院的奚恺元老师在《别做正常的傻瓜》一书中也提到了正确决策的重要性。通过计算ROI，我们可以更全面地分析和比较不同选择可能带来的价值，从而做出更明智的决策。

1. 用ROI看清全貌

采取行动前，计算ROI能够帮助我们全面地审视事情的来龙去脉以及可能引发的潜在后果。比如，如果面前有一个更好的工作机会或者多个工作机会，我们可以用ROI的分析方法来帮助自己做出一个不会后悔的决定。我有个朋友在面对两个不同的工作机会时，就运用了投资思维。一个工作给的钱多，但是发展空间不大；另一个工作起薪不高，但是有很多培训机会，晋升的可能性也更大。他最后选了第二个，因为他觉得这份工作对自己的长期发展和能力提升更有好处，将来得到的回报也会更多。

在计算收益时，我们不能只盯着薪资上涨了多少，还要考虑其他的收获，包括职位能不能提升、团队规模能不能增加以及未来几年公司的发展空间。同时，成本也是我们必须要考虑的重点，比如离开现在的工作会有什么损失，换工作后试用期有没有风险，万一失业了会有什么损失，还有如果放弃了现在公司的升职机会有多少损失。

我以前有个同事工作表现很好，她的上司私下告诉人力资源部，打算在两年后自己调到分公司当一把手时，带上她一起过去，这样她的职位能提升很多，工资也会涨不少。但遗憾的是，这位同事在一年后就跳槽到了另一家公司，虽然工资涨了30%，但在新公司她并没有得到上司的信任，很多晋升机会都没落到她身上。直到在新公司工作了五年后，她才慢慢得到了上司的认可，开始负责一些重要的任务。

所以说，在做跳槽这种重要决定的时候，我们应该全面考虑所有的利益和代价，不要只看眼前的好处就做决定，否则可能会错过许多的潜在机会。

2.用ROI做重要决策

对于个人决策，ROI同样是一个关键指标。很多人都想过自己开个花店、咖啡店或者做自媒体，特别是工作不顺心的时候，这种想法就更强烈了。但是，在真的决定这么做之前，我们最好先用投资回报率的方法好好算一算，看看所有的收益和成本，别急着做决定。

我有个朋友之前工资是一万块，因为跟领导闹得不愉快，一气之下就辞职开了家咖啡店，每个月能挣两万块。看起来他每个月多挣了一万块，但他还得给员工发工资，还得时不时涨工资才能留住人。另外，还有房租、水电费这些固定花销，还要加上开店前的装修费和几年一次的翻新成本。以前上班的时候，他一天工作八小时，周末和节假日都能休息，还有带薪年假。自己开店后，他每天得工作十小时，基本全年无休，投入的时间成本更高。现在，他有点后悔当时太冲动了，但是要把咖啡店关了再回去上班，却又觉得自己难以回头了。

3. 用ROI找到更优解

在决策过程中，我们往往会受到主观感受的影响，而ROI可以给我们提供更科学、更客观的参考，帮助我们做出更合理的选择。它还能在我们面临多个选项时，帮我们找到最优解决方案。

Bob是他们公司的运营经理，去年，他想策划一场商业活动，用于提升自己的年度业绩。首先，他要说服老板同意。在决定是否举办此活动时，他考虑了以下问题：

- **收益**：活动能否吸引老用户复购或推荐新用户？对于新用户，直播活动能否将其转化为付费用户？
- **成本**：场地费、人力费、宣传成本和嘉宾费用等。

他先估算了一下，如果活动能吸引新用户，每个用户平均会消费多少，再算上老用户继续付费的情况，大概能赚多少钱。然后，他把预计的收入和办活动的成本一比，发现投资回报率超过了1。老板也觉得这个方案值得一试，就批准了。结果活动办得很成功，公司赚了不少，也有了更多的资金去研发新产品。

对我们个人来说，ROI不用算得那么精确，它主要是给我们提供了一种思考问题的方法和做决策的参考。在做决定时，我们应该考虑到事情的方方面面，先有大局观，然后基于对整体价值的分析来做出既稳妥又精确的决策。比尔·盖茨在大学时期就非常喜欢计算机，他认为未来电脑会走进千家万户，因此决定从哈佛大学退学，建立了微软。这一放弃了高学历的选择，让他得以在事业上更加专注，最终，他的技术不仅为他赢得了名誉和财富，也同时改变了世界。

ROI模型能够清晰地揭示决策的全貌，正如那句谚语："一盎司的预防比一磅的治疗更有效。"学习并掌握ROI模型，让我们做决定时更有效率，也更准确。面对重大决策时，ROI模型让我们视野更开阔，帮助我们抓住问题的关键，让决策易如反掌。

【升维时刻】

1. 如何在工作中合理评估项目的投资回报率？
2. 如何提高项目的ROI，以实现企业价值的最大化？
3. 如何将ROI应用于企业决策，以优化资源配置和投资策略？

05

穿过暴风雨，你将不再是原来的你

请你带着这些问题阅读：

1. 如何才能找到适合自己的转型方向？

2. 怎样选择转型之路？“四看三盘”分别看什么？怎么看？

3. 转型成功的关键是什么？

很多职场人都会面临换工作的情况，有时候是自己想换，有时候是不得不换。在这个充满不确定的VUCA（易变性）时代，转型逐渐成为一种常态。

最近有很多朋友和我聊起职业转型的话题。朋友Lucy是个销售，她从基层干起，一直做到了销售总监。不过，她现在好像对这份工作没那么大兴趣了，也找不到以前的那种热情，提不起劲儿来。她不想未来的20年都做这种重复的工作，想试试别的领域，但又不知道从哪儿开始。她觉得除了继续现在的工作，好像也没有别的什么可以做。其实像Lucy这样想转型却找不到方向的人还有很多。那么，我们该如何探索转型方向，像打怪升级一样层层突破呢?

一、职业生涯四看：职业导航器

生涯四看是一个帮助你全面了解自己职业发展方向的方法。它要求我们从不同的角度来全面地检查自己的职业生涯，更清楚地看到自己在工作中的各种可能性。具体来说，职业生涯四看包括:

1. 向上看

你可以成为本领域的管理者或更高位者。什么是“更高位”？大多数人容易理解为同一职能的更高职位，比如“专员—经理—总监”的职业发展之路，其实“向上看”还包括向行业、公司更核心的资源、能力靠拢。

我的前同事Renee就是个很好的例子。当年在外企，在她还只是一名普通的HR时，她就敏锐地觉察到：人力资源部门就是企业的人才培养基地，HR更核心的能力是“内部培训”。所以她决定学习怎么成为一个优秀的内部培训师，并且考取相关的资格认证。这个决定让她不仅学到了公司的核心技能，还帮助她实现破圈成长。她加入了一个学习圈子，里面的人都是比她职位高很多的管理者。在这里，她学到了很多，拓宽了视野，也提高了能力，还认识了很多贵人，实现了快速晋升。

2. 向左右看

你可以尝试了解和你工作相关的其他职位，看看能不能进行技能迁移。这样你可以保留原来的优势，同时还能有新的突破。

我之前兼管销售团队，这和我原本的人力资源工作看似一点儿都不搭。但我发现，人力资源中的沟通和理解能力对销售同样重要。这些技能帮助我快速适应新岗位。还有一位财务同事转来我们人事部门，她依靠对数字的敏感性和对业务的理解能力，成了一名出色的HRBP（人力资源业务伙伴，即，企业派驻到各个业务或事业部的人力资源管理者）。这说明，不同岗位间的能力是可以相互转化的。

3. 向内看

你可以通过提升自己的技能，争取在现在的工作岗位上达到更高的水平；同时，也可以深入挖掘自我，找到真正热爱的事情。因为“独拥热忱可平流年跌宕”。我的朋友Reta，曾做了十几年外企医药行业的市场部负责人。后来她找到了自己真正热爱的东西，就决定离开公司，开始自己的新事业。现在她过得既自由又富足。但如果你还没搞清楚自己为什么要换工作，只是为了逃避现在的麻烦，那一旦遇到新问题，你可能会怀疑自己当初的决定了。

4. 向外看

你可以根据自己的兴趣和市场的需求，尝试做一些副业，这样既能探索新的可能性，又不会冒太大风险。通过副业，你可以在保持稳定收入的同时，测试自己对新领域的适应性。重要的是，选择一个有发展潜力的行业，这样你的努力才能得到更好的回报。记住，选择正确的方向往往比单纯的努力更加关键。比如我在综合考虑之后，在本职之余，尝试做职业生涯咨询师和教练以及写书，这也是我对自己的测试。

南非前总统纳尔逊·曼德拉曾说过：成为自己，是一种最深刻的自我实现。转型的目的就是成为更好的自己。那么，当我们用职业生涯四看探索转型方向之后，还有哪些因素能助力我们转型成功，让我们成为那个更好的自己？这时候，你需要冷静客观地自我分析。

二、资源三盘：转型助推器

三盘模型帮助我们分析自我，通过盘点个人的优势和可迁移能力、人脉和资源以及转型的利弊得失来更好地了解自己，明确当前状况，并客观分析自己的处境。具体来说，三盘模型包括：

1. 盘点优势和可迁移能力

我们要评估自己在哪些领域具有核心优势，例如知识、技能、经验和个性特质。这些都能帮你找到最合适自己的工作。我们要充分发挥个人优势，而不是拿自己的短板与他人比较。

我的私人社群有个和我一样做人力工作的学员，她想从普通的人事工作转去做咨询和企业培训。一开始，她觉得自己比不上那些专业的咨询师和培训师，十分自卑又心情低落。我告诉她，其实你也很优秀，因为你有实际的人事管理经验，能看透企业需要什么，还有很多培养人才的技巧和经验，这些都是你的优势。你可以把这些优势用起来，根据企业和员工的发展需求，提供一些有针对性的服务或培训。这样，你就能比那些一直在这个行业里的顾问更有竞争力。后来，她不再纠结自己的咨询技能的不足，而是发挥自己的管理优势，并且不断学习，提高自己的能力，如今她已经在自己的圈子里做得有声有色。

2.盘点人脉和其他资源

要想顺利地换工作或者改变职业方向，你还得经常梳理自己的人脉圈。而且，我们得明白，真正的人脉是那种你也能为他们提供帮助的人。就像我之前提到的那位从人事转去做顾问和培训的学员，她得自己找客户。客户怎么找呢？主要是通过她以前认识的人，比如其他公司的人事。她得主动去打听这些公司有没有需要培训或者咨询的，再看看自己能不能帮上忙。

这里推荐一个梳理人脉圈的好方法：记下最近经常联系、聊得最多的10个人，算算他们收入的平均数，这个数可能跟你的收入差不多。这是个较为科学的实验，这不是让你拜高踩低，而是提醒你，要有意识地选择和谁交往，这样对你自己的发展也有帮助。

除了人脉，我们还需要盘点其他资源，比如你的资产，确保你有足够的资金来支持你在转型过程中遇到的空窗期。这能给你带来极大的安全感，有了底气，你就不会太紧张，做事也能更稳当。

3. 盘点利弊得失

在考虑转型时，我们需要清楚地认识到将要放弃的东西、需要承受的代价以及可能获得的收益。《少有人走的路》这本书告诉我们，你必须放下什么才能得到什么。因此，在做出重要的职业决策时，我们应该仔细权衡利弊，避免冲动行事。我有一位程序员朋友，他想转型成为产品经理，这样做的好处在于他能够更全面地理解产品和市场，让自己更有竞争力；坏处是他得花大量时间学习新的技能和知识，工作中可能会遇到一些不稳定的因素。如果转型顺利，他的职业选择会更广，不过他也需要投入时间和精力去适应新角色。

这里推荐给大家一个工具：利弊分析表（表12）。找一张纸，画四个格子，问自己表中的这些问题，列出尽可能多的回答。然后在里面圈出对你来说最重要的内容，梳理完之后，你内心就清晰多了。

孔子在《论语》里告诉我们“三思而后行”。在客观冷静分析基础之上的转型，才能构建你对自己百分百负责的人生。当然，成功的职业转型除了天时地利人和，还有一个关键因素：心力。

表12 利弊分析表

选择	利	弊
现在做这件事	好处是什么？短期有哪些收益？长期有哪些隐性收益？	坏处是什么？短期和长期来看，有哪些风险和问题？需要承受哪些后果？
现在不做这件事	好处是什么？能不能腾出时间做一件别的有短期收益的事，或者做一件有长期收益的事？	坏处是什么？从短期和长期来看，有哪些风险和问题？短期有哪些损失？长期有哪些隐性损失？需要承受哪些后果？

三、心力激发：成功驱动器

有人问我："已经一把年纪了，还能转型成功吗？"有人和我说："如果是主动转型心态就会好，被动转型可能心态就会比较崩溃。"日本作家岛田洋七的《佐贺的超级阿嬷》中，乐观坚强的阿嬷，曾经对困顿中的岛田先生说过"人生拼的是总和力"。《U型理论》中作者奥托·夏莫告诉我们："开启这些更深的层次需要跨越三重障碍：评判之声、嘲讽之声以及恐惧之声。"然而，这些声音经常来自自己，而非外界。

记得我刚接管营销部门的时候，面对艰巨的销售业绩指标心里真没有底，但我告诉自己，只要尽力去做就好。我抓住每一个能推销我们产品的机会，哪怕是参加校友会或者论坛的时候，我也在推销。有时候我会担心，自己已经是营销部的头了，还到处推销，会不会太掉档次。但我把这些念头都压下去，只关注任务和结果，这样就能把精力都放在做事上。也因此，即使那一年市场特别难做，我们还是完成了销售目标。

转型之路注定充满艰辛，但“穿过暴风雨后，你将不再是原来的你”。转行不仅仅是换个工作那么简单，更多的是改变你的想法和态度，让自己变得更优秀。

我们每个人都可能面临这样或那样的转折点，当你恐惧、犹豫的时候，你可以记住这句话：“人生的转折点就像一道道曙光，让我们从过去走向未来，从无知走向智慧，从平凡走向伟大。”

【升维时刻】

1. 转型过程中如何确保团队成员能够适应和获得成长？
2. 如何评估和调整转型过程中的关键绩效指标？
3. 如何在组织内部推动转型共识？

06
用有效的复盘不断自我升级

请你带着这些问题阅读：

1. 你是否总是听到复盘这个词，却不懂如何有效复盘？

2. 你是否觉得做了复盘和没做并没有太大差别？

3. 复盘常见的误区有哪些？

我们在前一章中曾提及复盘这个词，那么到底什么是复盘？它与总结的区别在哪里？工作这些年，我看见过不少人想跳槽，有的人做得挺好，有的人则不如人意。Jack在一家公司当了很多年的项目经理，但这几年他越来越觉得无趣。他想换个行业，但没好好研究市场，也没充分评估自己的情况。结果换了工作后，他发现自己在新岗位上不太适应，最后只好找职业顾问帮忙。

管理学大师彼得·德鲁克曾说：没有评估，就没有学习。这句话强调了复盘在个人职业发展中的重要性。复盘不是下棋，而是玩命升级。通过复盘，我们可以从经历中学习，无论是成功还是失败，都能成为我们成长过程中的宝贵财富。

一、将经验转化为知识的加速器

“复盘”原是围棋术语，本意是对弈者下完一盘棋之后，重新在棋盘上把对弈过程摆一遍，看看哪些地方下得好，哪些地方下得不好，有没有不同或者更好的下法，等等。这个把对弈过程还原并且进行研讨、分析的过程，就是复盘。

法国作家巴尔扎克曾说：苦难对于天才是一块垫脚石，对于能干的人是一笔财富，对于病者是一个万丈深渊。复盘是VUCA时代的必备动作，是个人成长的加速器。它帮助我们从“认知—行动—结果”的单向推进流程中跳出来，形成双环学习、螺旋上升，确保事情顺利进行，帮助我们不断改进和提高。阿里巴巴在“双十一”购物节后，会组织团队进行复盘，分析销售数据、客户反馈和运营效率，总结经验教训，让下一年做得更好。腾讯在推出新产品后，通过复盘会议，根据用户的反馈快速调整产品，让产品用起来更方便，顾客更满意。企业可以通过复盘不断调整经营策略，提高商业竞争力。

复盘除了运用于企业，还可以成为个人能力提升最有效的方式与途径之一。我有个同事忘记回客户邮件，结果丢了一个合作机会。他后来通过反省，设置了邮件提醒，还改进了时间管理方法。这样一来，他回复客户非常及时，业绩也翻了一倍。

但是，为什么有些人觉得做不做没有太大差别？即使复盘了，犯过的错还是会换个形式再犯一遍，总在同一个地方摔倒；甚至做了复盘之后，起了反效果，心态更差了；明明努力持续复盘，但收效甚微，陷入了低效努力、自我PUA的旋涡……

这些情况的出现，并非说明复盘没有价值，而是没有做真正有效的复盘。海涅说："反省是一面镜子，它能将我们的错误清清楚楚地照出来，使我们有改正的机会。"那到底什么是真正有效的复盘？这里，我来给大家介绍一个复盘工具：GRAI复盘模型。

二、构建高效学习的GRAI复盘模型

我们想努力做得更好，回顾和分析过去的经历非常关键。这既能帮我们明白成功的原因，也能让我们从失败中汲取教训。接下来，我将通过表格形式，为大家详细介绍一种被大众广泛认可和应用的分析工具——GRAI复盘模型，G（Goal）目标回顾：回顾当初的目标、预期；R（Result）结果比对：比对结果和原定目标的差距，梳理亮点与不足；A（Analysis）原因分析：分析成功或失败的根本原因，包括主观和客观两方面；I（Insight）规律总结：找到更接近本质的规律，总结出方法论。

（如图10所示）GRAI复盘模型能帮助我们系统地总结成功的经验和失败的教训。让我们更清楚地看到哪些地方做得好，哪些地方需要改进。

GRAI复盘模型首先从回顾目标开始。如果没有明确的目标，我们就很难判断结果的好坏。在评估成果时，应该根据设定的目标来找出做得好和需要改进的地方。但是，如果只停留在回顾目标和比较结果，那么复盘的作用就没有完全发挥，因为这样只是简单地讨论了事情本身，没有总结经验教训。所以，重要的是分析成功或失败的原因，总结规律。这样，我

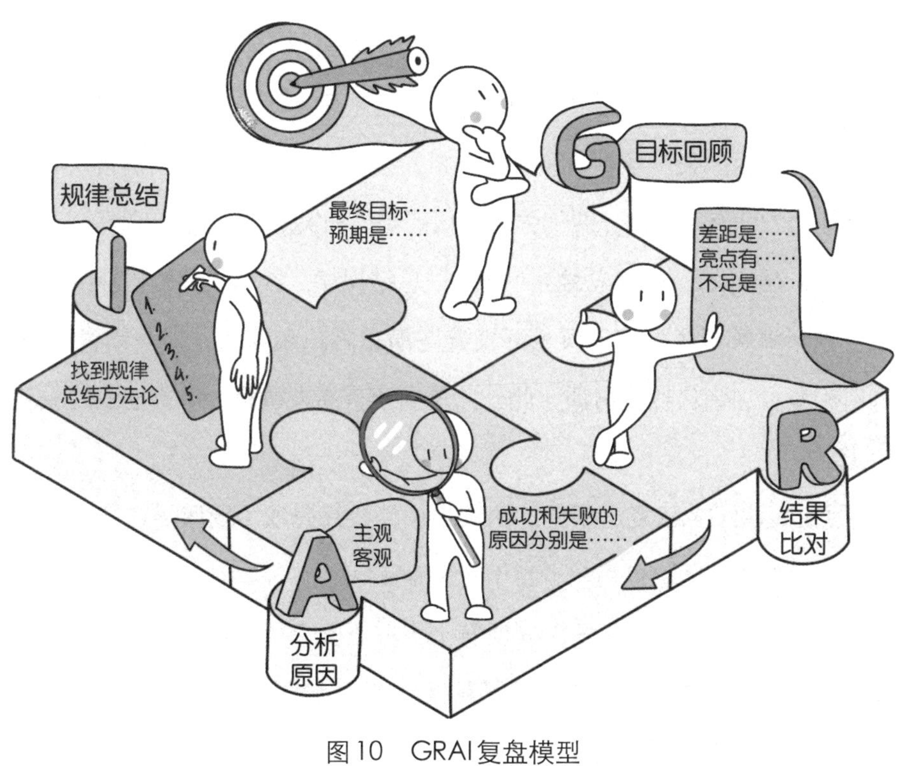

图10　GRAI复盘模型

们才能真正理解任务成功或失败的根本原因。雨果曾说：被人揭下面具是一种失败，自己揭下面具是一种胜利。我们需要直面结果，客观分析。

在地产公司兼管销售部门时，我用复盘法带领团队小伙伴实现倍速成长，最终完成目标。我带着团队这样做：

（1）Goal（目标回顾）：回顾最初的目标——每月实现1000万的销售额。

（2）Result（结果比对）：比对自己的实际销售业绩和原定目标的差距，梳理出亮点和不足。发现自己在某些项目、服务部分客户上表现不错，但在其他项目上表现较差，导致整体销售业绩没有达到预期。

（3）Analysis（原因分析）：发现自己对某些项目或客户群体缺乏深入了解，需要加强市场调研和客户分析能力；同时发现自己在销售技巧和沟通能力方面有所欠缺，要加强销售技能培训和实战操作。

（4）Insight（规律总结）：最后，总结规律，找到提高销售业绩的方法，重新调整销售计划，重点开发一些潜在客户和项目，提高销售效率；同时积极参加销售技能培训。此外，还向销售高人请教，借鉴他们的成功之道。

通过运用GRAI复盘模型，团队小伙伴最终完成了业绩。在严峻的形势下，我们整个团队也完成了当年的销售目标。

“知易行难”，GRAI复盘模型看上去并不复杂，也就是简单的4个步骤。但是要真的做到并且持续做好复盘，并不是那么简单。根据事情的难易、重要程度或者复杂程度，复盘的过程也会有所不同。有时候，即使你一步步按照复盘的流程去做，也可能达不到目标。

三、如何培养反思习惯，实现持续进步？

复盘对我们在职场乃至生活中的成长发展都有很高的价值，但没有行动的复盘就是一纸空谈。虚舟在《复盘》一书中说：任何不以改善行动为目的的复盘都是伪复盘。复盘和行动是不分家的，复盘为行动服务，行动之后复盘，复盘之后再行动，从而构成良性的循环。那么如何行动，让复盘的价值能够真正发挥出来，是我们需要思考的。

在以前的工作中，我发现要想让复盘真正有用，可以在做事的过程中时不时地提醒自己注意这些关键点：坦诚面对，先僵化后优化，及时记录，心态开放，习惯成自然。

1. 坦诚面对

复盘最重要的是一种成长心态，它强调“我从中学到了什么”，而非“我到底做错了什么”。在复盘的时候，要诚实地看待自己，保持冷静和客观，真实地分析情况。要有开放的心态，用批判性的思维去思考问题，也要学会换位思考。我有个做销售的朋友，每谈成一个客户，她都会想，到底是因为聊得好，还是产品本身就很吸引人，或者是那天运气好，客户心情不错。她会真实地分析原因，如果找到了成功的原因，下次就照着做，再接再厉；如果发现有什么地方需要改进，就会及时调整，为下次实践做好准备。

我想起了自己减肥的经历。体检后看到报告上那些吓人的数字，我决心要减肥，还制订了相应的计划。最初，我每周至少锻炼三次，但体重就是降不下去。我有点失望，但我决定诚实面对。因为压力大，我晚上总是吃很多。意识到这个问题后，我开始尝试改变，更多地关注自己的情绪，照顾自己，我找了很多方法让自己放松。慢慢地，我的体重开始下降，最终减了20斤，达到了目标。

维克多·雨果在他的作品中写道：勇气和坦诚永远是最了不起的事情。它们可以帮助你实现真正的成长。

2.先僵化后优化

如果你还不知道怎么系统地做复盘，可以先按照一些现成的复盘模型来操作；等你对复盘的方法和关键点很熟悉了，就可以根据自己的具体情况，选择性地做些调整。我一开始就是先使用复盘模型，后面慢慢摸索出一套适合自己的复盘模板，这为我之后的职业发展奠定了良好的基础。

3.及时记录

俗话说：好记性不如烂笔头。平时要养成随手记录的好习惯。时不时地回顾一下，整理整理，把相似的事情放在一起分析，这样能帮助你发现一些普遍或者深层次的问题，让自己进步得更快。每个月月底，我那个做市场分析的朋友都会做市场报告的复盘，找出与预测结果的差异，然后调整她的分析模型。这么做之后，她预测市场的准确度提高了不少，团队里的人都对她刮目相看。

4. 心态开放

复盘主要是为了学习。要想学到东西，在复盘的时候，就得保持开放的心态。别让过去的经历限制了你的思维，反复掉进相同的坑里。高尔夫球星老虎伍兹每次比赛结束，都会和他的教练团队一起复盘，就算是赢了球，他也会虚心接受批评和建议。这样做帮助他不断提高球技，最后成了高尔夫球界的一个传奇。

5. 习惯成自然

曾子说："吾日三省吾身。"我有个习惯，每周都会抽出10到15分钟快速复盘本周的工作完成情况，每个月还会用大约1小时的时间来复盘整个月的目标完成情况。年初，我还会至少花半天时间来回顾过去一年的工作。这个习惯帮助我从职场新人快速成长，不断晋升。同时，在我换到不同行业工作时，也能很快适应新环境，这对我整个职业生涯都有很大帮助。

《荀子 · 劝学篇》有言："君子博学而日参省乎己，则知明而行无过矣。"学会的东西得用到实际行动上，才能真正帮到你。找个安静的地方，给自己留出30分钟，用复盘的方法，参考案例里的工具，好好回顾一下自己的工作经历，实现职场上的"玩命"升级。

【升维时刻】

1. 什么样的复盘是优质复盘？

2. 如何将复盘运用在团队建设中？

3. 如何提高个人和团队的复盘能力？

第四章

人脉升维：关系建立的黄金法则

01
沟通的真正意义在于对方理解

请你带着这些问题阅读：

1. 如何让别人对你说的话感兴趣，愿意听下去？

2. 如何才能说服领导接受你的方案？

3. 什么是金字塔原理？金字塔原理又怎么样应用在沟通中？

你有没有这些疑问：怎么让我的工作报告得到领导的认可？怎么让我的表达更有吸引力，让客户满意？怎么让我的演讲更吸引人，让听众不玩手机？威尔逊曾说：沟通的真正意义在于对方的理解。说对话能让对方两眼发光，说错话却会让双方都陷入尴尬的境地。那么到底有没有一种方法，可以实现轻松愉快地有效沟通呢？

我有个同事就问过我以上这些问题。为了做工作报告，她努力制作了详尽的PPT，但领导却不太满意。我告诉了她一个高效沟通的方法，那就是——金字塔原理。

一、化繁为简，让演讲更有力

金字塔原理是一种重点突出、逻辑清晰且层次分明的思考和沟通方式，由芭芭拉·明托在其著作《金字塔原理》中提出，广泛应用于商业、演讲、写作等领域。芭芭拉说：自上而下地表达，自下而上地思考。在沟通时，先明确主要观点，再逐步展开细节。金字塔原理的核心在于将复杂问题简化，通过以下三个层次构建信息。（如图11所示）

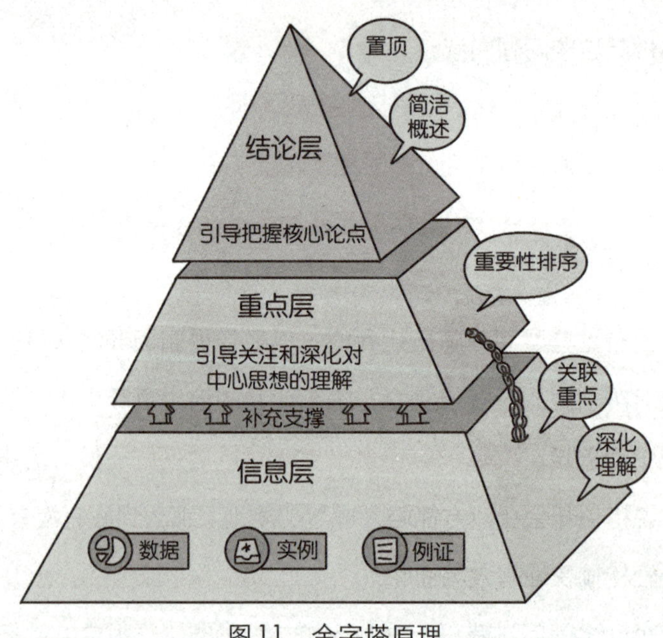

图11　金字塔原理

结论层：首先要用简单的话概括你的主要观点，让别人一开始就明白你的核心信息。乔布斯在2005年斯坦福的演讲里，一开始就讲了“点连成线”的道理，然后他用自己的经历告诉我们如何将生活中的小事儿串联起来，帮我们找到方向。这让学生们很快就懂了他想表达的意思。

重点层：要支持你的观点，就把文章或演讲里最重要的部分列出来，并进行排序。这样，听众就能跟着你的思路走，更好地理解你想表达的意思。我的项目经理Ali在团队会议上先告诉大家他拿到了一个大客户的订单。然后，他详细说明了客户的需求、我们的计划，还有每个人要做什么。这样大家很快就明白这个项目到底有多重要，也知道了自己要负责的部分。

信息层：在讲重要的事情时，别忘了加上一些细节，比如数据、事实或者例子。这些信息要跟主题紧密相关，帮助大家更好地理解，但不要喧宾夺主。Sandy是位销售经理，在每周周会上，她都会先告诉大家这个星期销售业绩超额完成的好消息。然后，她会分享一个具体的客户案例，告诉大家她是怎么通过了解客户的需求，提供合适的解决方案，最后成功签下这一笔大订单的。她不仅和团队分享销售策略，也着力介绍了她自己的经验，帮团队快速地掌握好的方法。

金字塔原理在职场中非常有用，它能帮我们把事情梳理得更清楚，让我们的沟通也更顺畅。例如，当我们分析企业利润下降的问题时，先确定“利润下降是由成本增加和销售额减少导致”这一结论，然后分别对与成本和销售额相关的因素进行重点分析，如成本部分包括原材料成本、人力成本等，然后通过信息层找出问题所在，并提出针对性的解决方案。

二、让表达百分之百清晰的金字塔原理

我的私人社群里的一个学员最近接了一个任务，领导让他安排一个客户会议，他需要做的是把客户A、客户B和员工L的时间对上。于是他分别和所有人沟通了一番，最后找到了一个大家都方便的时段。确定下来后，他就去向领导汇报了情况。有两种汇报方式：

【方式一】：

客户A来电话说，下午三点不能参加会议。员工L说，不介意晚点开，把会放到明天也可以，但是十点半以前美国那边都不行。可是会议室明天已经有人预定了，但周四还没人预定。客户B的秘书说，B明天很晚才能从外地回来。

【方式二】：

会议准备安排在周四上午十一点。原因是：客户A今天三点没法参会，会议室明天腾不出来；客户B明天很晚才从外地回来；员工L十点半之前都没时间。所以，会议准备定在周四的十一点。领导，您看行吗？

假设你是领导，你更喜欢哪种汇报方式？显而易见是方式二。为什么呢？方式一讲得太啰嗦了，说了一大堆，但都不是关键点。领导听到的都是问题，不是解决办法。

而方式二思路却很清晰，先给出了解决方案，然后说明了背景和原

因，最后问领导的意见。作为领导，你是不是听得很明白？觉得他考虑很周到，沟通做得也不错？我这个同事用的就是第二种汇报方式。方式二所运用的，就是金字塔原理的表达结构。

芭芭拉认为：在沟通中，结构比内容更重要。金字塔原理让表达更清晰，它建议我们先直接说出结论，这样听的人能很快抓住重点，减少误会，让交流更高效。这种有条理的简述，帮助我们在忙碌的工作环境中快速传达关键信息。学会金字塔原理，不管在哪个行业，不管做什么工作，都能让人说话更有重点，逻辑更清晰，职场竞争力更强。

三、如何提升逻辑思维能力，提高沟通效率？

金字塔原理的应用步骤可归纳如下。

- **突出核心**：在沟通之初，明确传达你的核心论点，确保对方迅速把握你的谈话主旨，避免信息混乱。
- **展开重点**：紧随核心之后，按重要性顺序阐述要点，每个点都应像小标题一样清晰，并配以支撑数据或例证。
- **引导接受**：在交流中，通过逻辑推理和案例罗列增强观点的合理性和说服力，促使对方接受。
- **强调结论**：在讨论结束时，全面而准确地回顾核心观点和关键信息，加深对方的理解和记忆。

这些步骤让交流更有条理，提高了信息传递的清晰度和效果。亚里士多德认为：良好的结构是清晰思考的基础。2018年，埃隆·马斯克在一次演讲中告诉大家，SpaceX的猎鹰重型火箭发射成功且顺利回收的好消息。他接着讲了这次发射的整个过程，还展示了火箭把一辆特斯拉跑车送上太空的照片。现场的听众很快就理解了这次火箭发射的历史意义，都觉得非常震撼。

工作中如果需要向领导汇报一个方案，我最常用的PPT逻辑结构就是：序言+正文，序言=背景+冲突+回答。

金字塔结构中，序言的目的是提示读者已知信息，而非告知新信息。序言呈现时必须包含“背景”“冲突”“回答”这三个要素，但三要素并不一定按某种顺序排列。而要用讲故事或者提问题的方式，一步步地引导，让人越来越感兴趣，把读者的注意力都吸引过来。2013年，一个叫爱德华·斯诺登的美国国家安全局承包商员工，通过媒体曝光了美国政府在大规模监控民众的秘密计划。他首先指出了一个问题：随着技术的发展，人们越来越担心自己的隐私安全。然后，他提到了一个矛盾：政府的监控行为和公民的自由权利之间存在冲突。斯诺登希望通过公开这些信息，激发公众和政府对隐私权和监控行为进行更深入的讨论和思考。这就是一个很好的例子。接下来，我们通过表13进一步了解序言的要素：

表13　序言的要素

	要素	内容
标准式	背景＋冲突＋回答	背景：现有B流程；冲突：效果不好；回答：在××方面进行改进

续表

	要素	内容
开门见山式	回答＋背景＋冲突	回答：将在××方面改善B流程；背景：现有的B流程；冲突：效果不好
突出忧虑式	冲突＋背景＋回答	冲突：现有的B流程效果不好；背景：呈现B流程；回答：在该方面进行改进

金字塔原理是我在日常工作中用得比较多的一种思维模型，我们用一个案例去做详细拆解。我之前有一个重要的工作汇报任务，需要获得领导的审批。在汇报的开头，我明确阐述核心论点："新市场推广策略预计将显著提升品牌知名度和销售额。"这直接让领导明白我这次报告的中心思想。第一个重点是：精准定位+成功案例，向目标客户展示我们品牌的价值。然后列出目标客户群体，详细解释怎么通过市场调研和用户画像来准确理解客户的需求和遇到的问题。这样一来，我们在推广时就能更有效地满足他们的期待。

- **精准定位**：介绍目标客户群体，阐述如何通过市场调研和人群洞察来精确定位用户的需求和痛点，以便更有效地满足期望。
- **多渠道推广**：列举计划使用的推广渠道，如社交媒体、电视广告等，并说明各渠道的优势和协同效应，辅以数据和事例支持预期效果。
- **数据驱动决策**：强调利用数据分析评估和优化策略的重要性，展示关键指标、分析工具及团队能力，以数据支撑决策过程。
- **结尾重申重点**：加固核心论点，"综合运用精准定位、多渠道推广和数据驱动的策略，将有效提升品牌知名度和销售额"。这样的结构使汇报内容连贯，便于理解。

在汇报的时候，我用了真实的例子、图表和一些笑话来吸引大家的注意，同时还保证我说的内容既清楚又条理分明。

詹姆斯·卡斯曾说：在任何沟通中，清晰的结构都是必不可少的，它帮助我们避免混乱和误解。在应用金字塔原理时，我们可以记住一个简单的诀窍：先讲结论，再展开论述，最后总结论点。这个技巧能帮我们抓住听众的注意力，让他们两眼发光，对我们想表达的主要内容感兴趣，而不是在小细节上浪费时间。说对话，用简单明了的语言和有逻辑的结构来表达我们的观点，这样沟通起来就更有效果。

【升维时刻】

1. 你如何掌握和应用金字塔原理，以提高思考、表达和沟通的效率？
2. 你如何运用金字塔原理搭建清晰、有条理的文章或演讲框架，以确保信息传递的准确性和有效性？
3. 在工作、学习和日常生活中你如何使用金字塔原理提高沟通效率，并加强你谈话的说服力？

02
倾听、反馈是互动的黄金法则

请你带着这些问题阅读：

1.为什么你明明说清楚了，对方却好像没有听懂，而对方说的话也没有说到你心里？

2.什么样的沟通是有效的沟通？

3.3F倾听和BIA反馈模型是什么？如何运用？

2023年9月“李佳琦直播翻车事件”上了热搜。当有网友提出一支0.08克的国产眉笔“79元有点贵”时，李佳琦居然这么回应：哪里贵了？这么多年工资没涨，有没有反思自己为什么工作不努力？这个反馈让这几年生活本就不易的普通网友怒了，网上一片骂声。李佳琦直接掉粉100多万，品牌方也马上中止了和他的合作。在网友眼里，曾经能和广大用户共情的李佳琦不在了，曾经一场直播带货金额达数亿元的传奇李佳琦也不在了。

你看，如果没有做好有效倾听与积极反馈，不能做到“耳朵竖起来听，话儿暖心窝说”，那么一个简单的回应可能就会导致大厦倾塌。

一、倾听和反馈是有效沟通的中心环节

彼得·德鲁克曾说：有意义的沟通始于真正的倾听。在交流时，我们往往不太注意去核实听到的内容是不是准确和完整的。如果你听不太懂对方在说什么，或者没有听全对方提供的信息，那么真正有效的沟通就难以进行。玛丽·凯化妆品公司的老板玛丽·凯·阿什，通过听顾客想要什么，搞出了一套特别适合女性的销售方法。这套销售方法需要销售员根据顾客的肤质、肤色、个人喜好等因素，为顾客推荐最适合的化妆品组合。比如，对于干性皮肤的顾客，美容顾问可能会推荐富含滋润成分的面霜和补水效果好的面膜；对于喜欢自然妆容的顾客，美容顾问会推荐颜色淡雅的眼影和唇膏。这种个性化的服务可以增强顾客对产品的信任感和依赖感。

除了倾听以外，反馈也很重要。反馈是沟通过程中的重要一环，是形成沟通闭环必不可少的环节。美国著名哲学家、心理学家约翰·杜威曾说过：给予有效的反馈，是沟通艺术的重要环节。在宝洁，曾经有位员工对产品包装提出了环保包装的新点子，公司不仅很快就接受了这个建议，还和这位员工一起研发了新的环保包装。这样做不仅让公司的管理名声更好，产品也因

为这个提议和它背后的故事卖得更火了。

积极倾听和有效反馈在沟通中非常重要，它可以帮助双方更快地了解彼此的需求和想法，还能让彼此更信任。在沟通中，应该尽可能快地给予反馈，这样能推动更有效和更深入的对话。这里有个重要的沟通模型分享给你，它能让你的沟通事半功倍——3F倾听和BIA反馈。

二、增强双方理解和信任的3F倾听和BIA反馈模型

1.倾听

倾听具有五个层次，如表14。

表14　倾听的五个层次

倾听的层次	具体内容
第一个层次	忽略，压根就不听别人说话
第二个层次	假装在听。“嗯！嗯！”
第三个层次	选择性地听，只听一部分
第四个层次	专注地听，努力听到每一个字
第五个层次	同理心倾听。以理解为目的地聆听，要求听者站在说话者的角度理解他们的思维模式和感受

3F倾听模型是一种有效的沟通工具，用于帮助我们提高倾听和理解他人的能力。它由三个核心要素组成：事实（Fact）、感受（Feel）、意图（Focus）。具体是指：

听事实：他说的事实是什么？

听感受：他说这件事时的情绪是怎样的？

听意图：他说这件事背后真正的意图是什么？

爱默生有一句话：所谓的“耳聪”，也就是“倾听”的意思。我有个朋友在银行信用卡中心教新来的客服怎么接电话。她跟我说，培训里最重要的一点就是要学会听明白客户想要什么。比如客户抱怨电话难打，其实他们可能是急着要解决问题。这时候，客服首先要做的是让客户冷静下来，告诉他们为什么电话难接通，然后尽快帮他们解决问题。怎样做到3F倾听？使用3F倾听模型。

专注（Focus）：全身心地倾听对方正在说的话，并用眼神和肢体语言体现我们的专注和兴趣，让对方感受到被尊重和重视。

体察（Feel）：倾听他们的感受、需求和关注点，并努力理解他们的观点和立场。

反馈（Follow-up）：以恰当的方式回应对方的发言，重要的是要展示出我们对对方的理解和关注，并鼓励对方进行深入的对话和讨论。

通过应用3F倾听模型，我们可以改善沟通技巧，建立积极的人际关系，并促进更深入的理解和合作。莫里斯曾说：要做一个善于辞令的人，只有一种办法，就是学会听人家说话。有位朋友在一家跨国企业工作，公司里有很多不同国家和不同文化背景的同事。有一次，一个美国的项目经理和中国团队的成员沟通出了问题。他用了3F模型来让沟通更顺畅：

第一步，他确认了大家都清楚项目的情况和目标，保证大家讨论的时候都是基于相同的信息。

第二步，他认真听了中国团队成员对当前问题的看法和担忧，让他们觉得自己被重视。

第三步，把话题引回到项目上，和大家一起讨论怎么解决遇到的问题，确保大家都在努力把项目做得更好。

通过这样的方法，项目经理解决了文化差异带来的沟通难题，让团队合作更顺利，项目也进展得更快。

2. 反馈

反馈和倾听相对应，从不反馈到积极有效的反馈，反馈也有几个层次。我常用的是BIA反馈模型，这个模型就像沟通的润滑油，帮我和别人建立了很好的联系。

（1）什么是BIA反馈

BIA反馈也称为积极性反馈，指的是能够明确传达信息、及时回应对方并促进进一步交流的反馈方式。它由行为（Behaviour）、影响（Impact）、欣赏和感谢（Appreciation）三大要素组成。（如表15所示）

表15　BIA反馈模型

组　成	主要内容
行为（B）	反馈指向具体的行为、行动，而非表面的结果
影响（I）	通过反馈产生进一步的互动或对对方产生更积极的影响
欣赏和感谢（A）	通过反馈表达欣赏和感谢，使双方关系更加紧密

（2）BIA反馈的特点

清晰明确：有效反馈应该清晰明确，避免产生歧义或误解。

及时回应：有效反馈应该能够及时回应对方，以保持沟通的连贯性和流畅性。

积极参与：有效反馈需要积极参与沟通，促进双方的交流和理解。

尊重和理解：有效反馈应该尊重对方的观点和意见，理解对方的立场，以建立良好的沟通氛围和互信关系。

通过积极性反馈，双方可以更好地交流和理解，达成共识，解决问题，促进良好的沟通和合作关系。前面提过的M老师，当她看到学生在课上积极讨论时，会用BIA模型来表扬他："我注意到你每次讨论都提出很好的问题（行为），这让课上的内容更有意思，其他同学也能学到更多（影响）。我真的很喜欢你这样做（赞赏）。"这样的表扬让学生感到自己被重视，继而更有动力参与课堂互动，也更认真听讲了。

三、如何提高互动质量，高效沟通？

生活中如何实现有效倾听与积极反馈？有天早上我特别忙，得先送孩子去学校，再去上班。可孩子突然闹脾气，说他不想去学校。这时候，我用了3F倾听法，耐心听他讲原因。他说最近考试没考好，感觉压力很大。其实他不是真的不想去学校，就是想要点鼓励。作为妈妈，我得好好听他说，还得给他正面的回应。我跟孩子说："妈妈知道你现在压力很大，也能理解你为什么会焦虑。一次考试没考好不是什么大事，妈妈懂你。我们可以一起看看哪里出了问题，找到解决办法。如果需要，我们可以找个家教，或者周末去外面玩玩，放松一下。妈妈会尽力支持你的。”

孩子不想上学，很多妈妈的第一反应可能不是听孩子背后的情绪和需求，而是直接拒绝。如果你只是简单地说“不行”或者强迫孩子上学，就会错过一个了解孩子、帮助他们解决问题的好机会。用3F倾听与BIA反馈模型，可以拉近你与孩子的关系，解决很多育儿烦恼。

有次，我想表扬我的团队成员，肯定他们在过往阶段的优秀表现。很多人可能就是简单地反馈“做得不错”。但如果你对每个人每次都说这句话，久而久之就会变得无效。真正有效的反馈是什么？我在表扬团队成员的时候，会描述他的具体行为。比如说：“某某某，我觉得你这一段时间做得特别好，我特别想要给你一些反馈。”然后展开说对方到底做了什么，又给团队带来了哪些积极的变化。

再比如说，我想对我的写书教练潘老师（晴山）反馈：“你帮助我梳理了写书大纲和各种思维模型，激发我想起了很多案例，打破了我心中的恐惧，给了我信心和勇气，加速了我的出书进程……今天我特别想要感谢你，也希望后续我们能够持续合作，创作更多好作品。”

同样的道理，当你要批评一个人的时候，不能笼统地批评，而是指出他的具体行为哪里有偏差，并了解其背后的原因。面对经常迟到的员工，我一定不会说：“你怎么老是迟到？还想不想干了？”我一般都会说：“某某某，人事和我反馈你最近迟到的次数比往常多，可以和我说说发生了什么吗？”在看到我耐心倾听的态度之后，员工可能跟我说一些他们家里遇到的困难，我会尽力帮助他解决问题。这样一来，我们之间的信任就会变得更强。

在人际交往中，掌握倾听和反馈的技巧是互动的黄金法则。“3F有效倾听”和“BIA反馈”成为我们深入沟通和建立关系的利器。只有竖起耳朵听，我们才能够真正明白对方想要什么，感受到对方的心情，这样我们就能建立起信任和理解，让合作更加深入。只有说暖心的话，才能帮我们和对方建立更紧密的关系，相互信任和支持。

【升维时刻】

1. 如何通过3F倾听模型来提高个人和团队的沟通效率？
2. 在应用BIA反馈模型时，如何确保反馈既真实有效又能够被接受者积极采纳？
3. 根据3F倾听和BIA反馈模型，如何在组织中构建开放、支持性的沟通文化，进而推动整体绩效的提升？

03

提出问题，就已经解决了问题的一半

请你带着这些问题阅读：

1. 什么是GROW提问模型？

2. 为什么提问力如此重要？

3. 怎样运用GROW模型提出好问题？

私下聊天时，你是不是总显得有点过于严肃，和对方聊不到一块去，最后弄得大家都不开心？在工作中，你是不是因为不太会说话，沟通上老是出问题？我就遇到过这样的事。很多时候，我们还没弄明白对方真正想要什么，就急着给建议。这样随便下结论，不仅帮不到那些迷茫无助的人，反而可能让你们之间的关系变得疏远。

艾萨克·阿西莫夫说过：提问是思考的开始，是创新的源头。这句话强调了提问在激发思考和创新过程中的作用。一个好的问题可以引发我们的思考，促使我们探索未知领域，看到新的世界。我们只要掌握一个简单的提问技巧——GROW模型，就可以轻松建立和谐高效的沟通。

一、提问辅导工具帮你实现目标

GROW（goal，reality，option，will，即目标设定、现状分析、方案选择、行动意愿）模型是一种教练和辅导的工具，用于帮助个人或团队实现目标和成长。（如图12所示）它由四个关键元素组成，每个元素都代

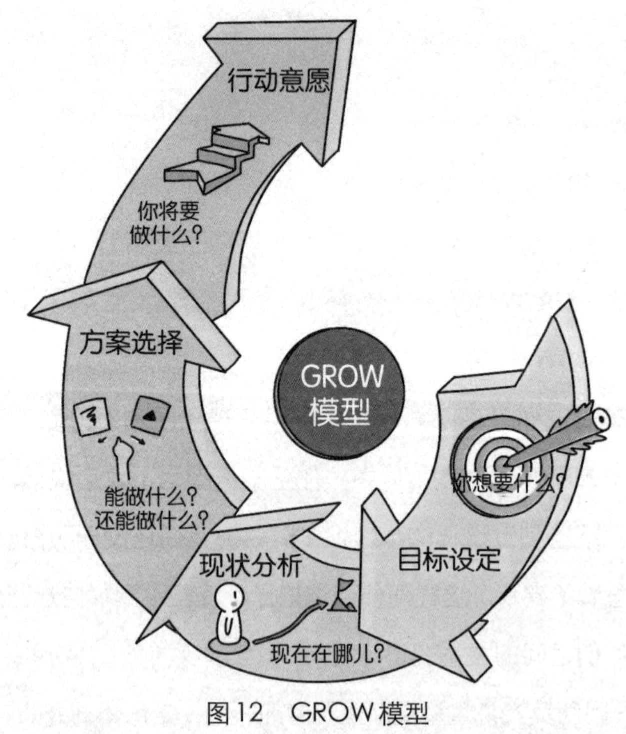

图12 GROW模型

表着问题和思考的不同方面，让我们一起来看看吧！

（1）目标设定，明确自己想要达到的目标。一个探险家在出发前总要确定目的地。设定明确的目标能够给你指明前进的方向和动力。

（2）现状分析，客观地分析自己的现状和资源。玩网络游戏时，你得先看看地图，知道自己在哪儿，手里有什么资源，这样才能计划好下一步是先去打大怪，还是清理小怪。

（3）方案选择，思考有哪些选项和策略可以帮助你实现目标。我在工作中经常碰到一个问题有好几个解决办法的情况，这时候选出一个最快又最好的解决问题的方案就特别重要。

（4）行动意愿，我们需要采取行动向目标迈进。我们喜欢玩游戏是因为我们有很强烈的愿望，如果我们能把这种意愿用在工作上，就能让我们工作得更快更好，能力也更容易得到提升。

二、启迪智慧、引导问题解决的GROW提问模型

约翰·洛克强调：有效的沟通不仅在于表达，更在于恰当的问题。GROW模型正是培养提问技巧的模型，它通过结构化的探询帮助个人增进自我认识、明确努力目标，并采取实际行动以实现这些目标。

苏格拉底说：要想教给人们一种新思想，你不应该直接告诉他们这个思想是什么，而应该让他们自己得出结论。GROW模型的提问力不仅是一种交流技巧，更是深入思考的工具，它鼓励被提问者自行探索和解决问

题，而非简单接受指导。有位老师叫艾米丽，她在上课时发现学生们不太积极。她没有直接告诉学生们应该怎么做，而是问他们："你们想在课上学到什么东西？""你们觉得做什么样的活动会让学习更有意思？"这样一问，学生们就开始说出自己的想法，比如想要分组讨论或者玩角色扮演的游戏。艾米丽听了学生们的回答，把这些建议用在了教学里，结果学生们上课更积极，对学习也更感兴趣了。这个真实的故事告诉我们，提问真的很有用，它能让学生们更主动，更有创造力，也让教学效果更好。提问的过程促进了对问题的全面理解，激发了创造力培养了批判性思维。

优秀的提问者关注细节，他们敏锐观察，能识别问题的关键所在，并提出针对性的问题。项目经理Petter的项目进度落后了。他把团队成员叫到一起，没有直接怪大家，而是问："我们为什么会延期？"这个问题让团队开始认真思考，最后发现是因为资源没分配好。然后他又问："我们怎么重新分配资源，才能快点完成？"这个问题让团队成员们想出了不少好办法，最后项目按计划完成了。通过GROW模型，我们能成为更出色的学习者和沟通者，更高效地在各种情境中识别和解决问题。

三、如何构建有效对话，打开交流之门？

谷原诚在《提问的技术与艺术》一书中说道：提问，具有强制对方按特定方向思考的力量。要如何在沟通中运用GROW模型提问，才能让我们在职场上高效沟通？现在我就为大家进行具体的讲解。

（1）目标设定

- 这次谈话的目的是什么？
- 你希望从这次谈话中得到什么？
- 如果你达不到这个目标，会有什么后果？

（2）现状分析

- 到目前为止你已经采取了哪些行动？
- 行动的结果怎样？
- 是什么阻止了你做更多的事？
- 在你看来，哪些是你行动的障碍和限制？哪些是别人的障碍和限制？
- 你的目标是不是切合实际？

（3）方案选择

- 如果没有任何障碍和限制，你可能会做什么？
- 在所有这些想法里，有没有哪些是你准备尝试的？
- 假设你准备根据这些想法采取行动，你可能会怎么做？
- 如果你是对方，你可能做什么？
- 想听听我的建议吗？

（4）行动意愿

- 你将要做什么？
- 什么时候做？
- 我怎么才能知道你做了？

- 我能做些什么来支持你？

有段时间，公司一个重要项目的Java工程师突然不干了。为了不耽误项目，研发总监让我们尽快找个人来顶替。我把这活儿交给了负责招聘的下属A，告诉她这周最重要的事就是这个。但A觉得有点为难。我就用GROW模型和她聊了聊，一起搞清楚我们要做什么，现在是什么情况，然后鼓励她自己想想办法怎么解决这个问题。

（1）目标设定

- 我们的目标是在最短的时间内招到一个Java工程师，对吗？
- 在达成这个目标的过程中，我们可以设定哪些阶段性目标？
- 我们需要在什么时间节点完成相应的阶段性目标？

（2）现状分析

- 现在的情况是什么样的？有哪些障碍可能会阻碍我们达成目标？
- 我们目前有多少招聘渠道？有多少相关资源？
- 如果和竞争对手公司“抢人”的话，我们公司有哪些优势？

（3）方案选择

- 怎么消除这些可能造成阻碍的因素？
- 如果想用更短的时间达成目标，我们可以做哪些尝试？
- 如何更有效地利用我们现有的资源？

（4）行动意愿

- 我们需要开拓多少新的招聘渠道？如何利用这些招聘渠道？
- 根据面试录用率估算，我们需要每天筛选多少简历、面试多少人，才能达成目标？

- 我们还需要什么样的帮助和支持？

通过这个GROW提问模型帮A梳理了一遍之后，她豁然开朗，思路也更清晰。这样一来，她行动起来更有效率，我们真的在一周内找到了合适的人。

过去在地产公司工作时，我想了解公司未来的发展方向，会问CEO一个问题：在接下来的三到五年内想要成为什么样的公司？因为我不太了解这些领域，所以我就要像个学生一样提问。我还会问他现在的情况，比如公司怎么从卖房子的公司变成管理房产的公司，我们要怎么解决现在的差距，还有在实际工作中要注意些什么，高层会告诉我他们的看法。然后我会继续问，比如在人力资源方面我们该怎么做。我发现这样问问题能让对方更愿意分享他们的想法和计划。最后，我还会问他们会不会支持我回去后按照这些想法去做。

通过GROW提问，我们建立了高质量的沟通和反馈关系。当然，向上沟通，需要运用提问技巧。如果你的想法和高层的想法差别很大，不问问题的话，你就会有很多不明白的地方。你得提出具体的问题来缩小你们之间的差距，打开交流之门，让对方愿意分享。这样做，你不仅能沟通得更顺利，还能学到不少东西。

与创业公司的CEO聊天时，我也喜欢用提问的方式。我会询问他们：希望公司实现什么样的目标？为社会创造什么样的价值？目前面临什么样的挑战？接着，我会加上我的想法和计划，然后我们一起定个明确的行动计划。用GROW提问法，让对方多发言，这样沟通起来就更顺畅。

无论是向下赋能，还是向上沟通，提问都是非常重要的沟通技巧，它可以让双方更加敞开心扉，建立高质量的沟通关系，也能带你看到新的更广阔的世界。“提出一个问题，我就会教你如何回答。”问对问题能帮我们抓住事情的重点，找到解决办法。在学习新东西的时候，会提问特别重要，能帮我们学得更快。不管是想提高自己，还是规划工作，或者提高领导能力，用GROW模型都很有用。不管你是想多学点技能，还是有自己的梦想，GROW模型都能帮你想得更清楚，行动更有方向。

【升维时刻】

1. 如何理解和解释GROW模型，以及它在个人成长和团队协作中的应用价值？
2. 你如何运用GROW模型的四个阶段来设定和实现一个既具挑战性又具可行性的个人或团队目标？
3. 如何通过推广GROW模型，创建一个鼓励自我提升和团队协作的组织文化，以促进个人和团队的持续成长？

04
能定义你的，只有你自己

请你带着这些问题阅读：

1. 什么是PUA？
2. 为什么要远离PUA人群？
3. 怎样应对PUA？

有一部20世纪40年代的老电影《煤气灯下》，讲了这样一个故事：女主人公宝拉，是一位热爱歌唱、自信阳光的美丽女孩。她的姑母意外死亡，给宝拉留下了大笔遗产。宝拉的美丽和财富，引起了钢琴师安东的觊觎。安东完美地伪装自己，对宝拉展开了一系列看似真诚的追求，最终获得了宝拉的芳心。婚后，在安东的执意要求下，二人回到宝拉姑母曾经住过的伦敦旧宅居住。本以为就此拥有完美丈夫和幸福生活的宝拉，逐渐受到古怪现象的困扰，她总会听到奇怪的响声，家里的物品经常莫名其妙地消失又出现，新来的女仆对她态度轻蔑，煤气灯也开始忽明忽暗……宝拉感到非常不安和害怕，安东却暗示一切都是宝拉自己的幻觉，是宝拉的精神出现了问题。就在宝拉心理崩溃、濒临发疯的时候，一个年轻的侦探伯林出现了，他发现宝拉正陷入一场阴谋，而背后的主谋正是她以为的完美丈夫。

安东表面上对宝拉百般包容、体贴、温柔，却企图用心理战术把宝拉逼疯。夜晚，他悄悄在阁楼里操控煤气灯，利用煤气灯的忽明忽暗，让宝拉以为自己真的精神恍惚。他还不停地对宝拉和周围的人说宝拉有精神疾病……直到侦探伯林的到来，真相慢慢浮出水面，宝拉也逐渐理智和自信起来。如果没有伯林的出现，宝拉最终可能付出生命的代价，成为一个永远不可逆转的悲剧。这就是煤气灯效应，也是PUA（精神控制）的一种。

一、情感游戏中的操控与欺骗

你以为只有在电影和小说中才会有PUA吗？不，在现实中也屡见不鲜，而且现实中的PUA现象比电影更残酷。网络热门事件中，牟某通过情感操纵、贬低羞辱、非理性要求、社交孤立、精神虐待等PUA手段，对包某进行长期精神控制，导致其自我怀疑、自残，最终自杀。17岁网红“小冰冷”因男友的PUA手段——言语羞辱、情感操控、贬低自尊而精神崩溃，跨年夜跳楼自杀，虽经抢救仍不幸去世……这样的例子还有很多。那么我们要如何确认自己是否处于被PUA的境况中呢?

你身边有这样的人吗?

（1）他总是让你深陷自我怀疑，觉得自己不是一个合格的对象、爱人、员工、朋友、孩子等。我有位朋友Andy，他老板经常跟他说："也就我们这儿要你，你到外边去，你这个职位全是刚毕业的大学生！"但实际上，Andy承担了很多项目上的工作，甚至有一部分超出了他的职责范围。

（2）他总是让你觉得自己做什么都不对。

（3）他总是强调他是对的，他多么优秀，一定要按他说的做，而你做的都是没有太大价值的事，你的那些感受、想法都是不重要、不真实的。我曾经有个同事，他很喜欢否定其他同事的意见。时间一长，我们组里真的有个女同事开始怀疑自己，每天都过得提心吊胆，最后实在受不了就辞职了。

（4）他对你忽冷忽热，时好时坏，爱搭不理。

（5）他在你的人际圈里给你带来了不太好的影响。

如果有以上现象，请你留意了，你很可能正在经历一场PUA。当然，有些PUA可能不明显。

二、如何避免掉入陷阱，保持自我控制?

1.确立自我价值

罗宾·斯特恩在《煤气灯效应：如何认清并摆脱别人对你生活的隐性

控制》中曾说过：PUA不是单方面的精神控制，而是两个人的共谋。作为心理医生，我遇到很多女性，明明事业有成，却在亲密关系中成为对方的提线木偶。想要摆脱PUA，关键是找到自我。

我有个远亲，她上学时成绩不怎么样，学历也不高，毕业后自己开了一家公司，收入颇丰。她一直对自己的学历感到自卑，小时候因为成绩不好经常被父母批评，婚后她的丈夫也瞧不起她的学历，经常明里暗里贬低她。这一切都让她非常难过，差点撑不下去。但可笑的是，这些讽刺她学历的人，都在靠着她来供养。

2. 识别他人目的

史秀雄在《假性亲密关系》中说：真正的亲密，是由两个人关系的质量、情感的联结、沟通的深度以及对彼此的理解和信任来决定的。PUA对象总是抱着一定的目的接近对方，他的种种手段或伪装，不过是为了达成自己的目的。如果你能清醒地识别他的目的，即使你在PUA风暴的中心，也能很好地保护自己。有个女网友下班后买了一个榴莲，她老公就冲她嚷嚷："咱们还得养孩子呢，你咋花这么多钱买个榴莲?!"女网友听了挺委屈，她说："这是我用自己的钱买的，又没用你的。"两人吵了一架，正当女网友拿起菜刀准备开榴莲的时候，"啪"的一声，厨房灯被关了，视频里一片黑。在这个故事里，这个网友的老公所说的每一个字，都只透露出一个信息：这个网友的钱不能花在自己身上。

我曾在美术馆看过美国著名歌手和词曲作家鲍勃·迪伦的展览，里面有句话让我印象深刻："远离那些企图贬低你、控制你或利用你的人。"有位女性朋友Z，她老家在农村，靠自己的实力考入一家央企。她工作能力很强，也很拼，不仅把自己的活儿干好，还经常主动揽一些能创造更大价值的任务。而她的直接领导是个谨小慎微、自我保全的人，总是在工作中打压她，不认可她的努力，还经常在高层领导面前说她坏话。更气人的是，不管是开会还是私下聊天，这个领导都会对Z的工作挑刺，说她干的活儿没什么用。经历了一次深刻的自我反思后，Z明白了上司的心思：上司就是想保住自己的位置，压着下属，自己往上爬。一旦发现下属有超过自己的可能，就会想尽办法贬低和排挤。最后，Z决定辞职，自己搞起了自媒体，现在比之前工作时更快乐、更自由，收入也更好。如果你觉察到职场PUA，并且识别出他人真正的目的，要么勇敢地反抗，要么选择远离消耗你的环境。

3.基于事实判断

事实上许多坚强、聪明、成功的女性身边都不乏喜欢PUA他人的人。《煤气灯效应》的作者罗宾·斯特恩曾在他的书中说过：因为工作关系，我不断接触到很多坚强、聪明、成功的女性，但我却总听到同样的故事：即使许多像这样自信且成就极高的女性，却仍困于令人沮丧的、充满破坏性的、使人困惑的关系当中。尽管朋友和同事都认为她们很强大，她们却觉得自己很无能，因为她们既不相信自己的能力，也不相信对这世界的认知。……一名貌似强大的女性由于爱人、伴侣、朋友、同事、领导或家人的原因，变得无法相信自己对现实的认知，她感到焦虑、困惑和失落。

因此，最重要的是基于事实做出判断。你需要冷静清晰地看清事实真相。有一个男网友将自己的老婆崩溃痛哭的视频发到了网上，想让大家说他老婆不好。事情是这样的：男网友和他老婆去一家面馆吃饭，面馆老板上菜上得很慢，而且上的面坨了，还有股鱼腥味。他老婆觉得这是老板的错，想要找老板解决，让老板退钱；但这男的不但不支持老婆，还说她丢人，自己走了，更把老婆哭的样子放到了网上。其实归根结底是面有问题。

优质女性是大家眼里的宝，却唯独成了老公眼中的草，为什么会这样？我有个朋友L，她是个大公司的高层领导。年轻的时候，她特别热爱工作，几乎把所有精力都放在了工作上。很多年过去，她在工作上取得了不小的成就，成了公司的领导。然而随着年龄越来越大，进入婚姻逐渐成为一个难题。后来，她认识并爱上了一个比她小几岁的健身教练。在结婚前，这个教练对她特别好，又热情又体贴，简直就是理想男友，她觉得自己找到了命中注定的那个人。

可是结婚后，教练老公却好像变成了另一个人，开始不断地贬低她，说她年纪大，要不是当初自己兜底她就嫁不出去；还要求她赶紧生儿子，再不生就如何如何。婚前他还会帮忙做家务，现在回家就躺在沙发上，她出差回来累得要死还得做饭打扫，更是经常被老公责备老出差不顾家。我们去她家吃饭的时候，看到她忙里忙外，她老公就在一边袖手旁观。

一开始L总觉得自己经常出差，对家里和老公有所亏欠。我们都劝她看清楚，告诉她她很优秀，也很善良，她一直在为这个家努力，她不需要感到愧疚。在很多朋友的劝说下，有一天她终于想明白了，开始为自己争取利益，在家里赢得了平等和尊重。

乔治·伯纳德·肖说过：建立自我价值是人生的关键所在。这句话强调了自我价值对于个人成长和发展的重要性。当我们认识到自己的价值时，我们就能更自信，更有决心去面对生活中的难题。认识到自己的价值，能帮助我们在遇到困难时保持乐观。时刻记住，只有你自己才能评价自己。PUA是一种操纵别人的行为，我们有力量也有责任去反对它，保护自己的尊严和权利。在反对PUA的路上，我们并不孤单。只要我们每个人都学会保护自己，PUA就会越来越没有立足之地，最终消失。我们的努力，会让社会变得更好。

【升维时刻】

1. 如何识别PUA策略，并保护自己不受伤害？
2. 在交流中，哪些行为或言语应引起警惕，可能暗含着PUA技巧的运用？
3. 如果觉察到自己或他人正受到PUA影响，我们应该如何应对和反击，以维护个人尊严和自主权？

05
用极致的坦诚构建深度的信任

请你带着这些问题阅读：

1. 有没有一套简单可行的方法可以建立人和人之间的信任关系？

2. 为什么信任如此重要？

3. 怎样运用信任公式构建、提升信任？

你是否为以下情况而苦恼：你明明已经很努力了，可就是无法获得领导的认可和信任？明明已经勤勤恳恳工作多年，可是升职加薪的机会却是别人的？好不容易晋升为团队领导，可是团队成员好像不听你的？

约翰·麦克斯韦尔说：信任是人际关系中最重要的部分。在我工作的这些年里，我用了一个信任公式，不断增加别人对我的信任，从刚入职的新手慢慢升到了管理层。别着急，你的贵人正在派送中，在这一节，我将和你一起探讨信任的重要性，以及如何构筑这座通往成功与幸福之路的重要桥梁。

一、用数学原理帮你构建高度信任关系

信任是复杂的社会和心理现象，可以用一个公式来描述：信任=（胜任力×可靠性×亲密度）÷自私度。（如图13所示）

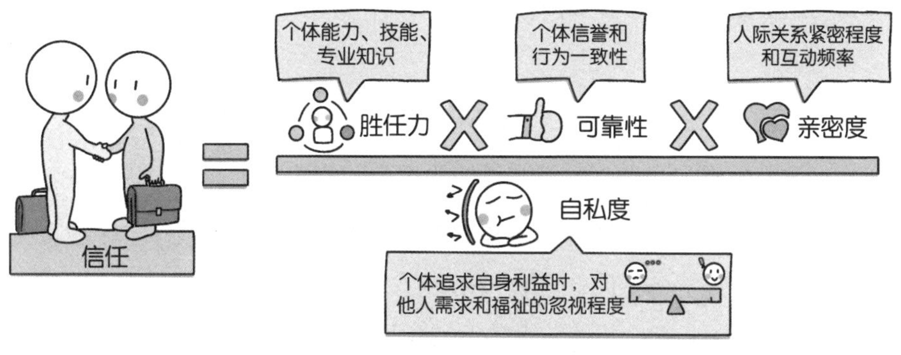

图13　信任公式

- **胜任力：**指个体的能力、技能和专业知识，是评估个体是否能够有效完成任务或应对紧急情况的标准。高胜任力能赢得他人对个体的信任。
- **可靠性：**涉及个体的信誉和行为一致性，表现为言行一致、遵守承诺、愿意承认错误。一个可靠的人是值得信任的。
- **亲密度：**描述人际关系的紧密程度和互动频率。更紧密的关系和频繁的交流通常产生更高的信任水平。

- **自私度：**反映个体在追求自身利益时对他人需求和福祉的忽视程度。极度自私的行为会降低他人对该个体的信任。

信任公式揭示了建立和维护信任关系的关键因素及其相互作用，是理解和促进信任关系构建的有用工具。埃德加·沙因曾说：信任是必须赢得的，而不是要求的。我工作后，就是靠用好信任公式，抓住了和领导、同事、下属建立信任的机会，得到了很多人的帮助，从而实现职场跃迁。

二、让你在职场稳步高升的信任

史蒂芬·柯维曾说：信任是团队合作的基石。在职场发展过程中，信任绝对是最重要的一点。建立信任，比提升你的实际工作能力更重要。我们公司的软件开发团队领导很相信他的团队成员，给他们很多自主权。团队里的人碰到技术难题时，会相互依靠，一起找解决办法，而不是互相推卸责任。这种彼此信任的工作氛围让团队更有创新精神，工作效率也提高了，最后他们成功按时推出了高质量的产品。

（1）信任能够促进沟通和合作。在高度信任的关系中，我们能更坦诚地交流，分享信息，互相帮助，因为我们相信对方的好意和承诺。这样的信任能帮我们沟通得更顺畅，合作得更有效率，大家一起工作得更好。

假设你现在是一个应届校招生，刚进一家公司，怎样让你的老板快速信任你？我回想起自己当年刚进外企时的经历。当时我们要建立一个面向全国销售代表的培训体系。这对一个新人来说，是一个艰巨的任务，然而我最终顺利完成了这个项目，并且很快就和领导建立了很好的信任关系，我是怎么做到的呢？

作为一个刚毕业的学生，我对培训其实不太懂。但我读了很多有关培训方面的书，还向专家学习，学了一些搭建培训体系的基础知识。说到做到，这是很关键的。在团队里，我经常和同事以及老板沟通，经常思考怎么做才能达成共赢。

我通过不断提升胜任力、可靠性、亲密度，降低自私度，成功完成项目，这样不仅提升了我自己，也和老板建立了信任和默契。即使我现在离开外企已经七八年了，我们还是很好的朋友。

（2）信任能够降低风险和成本。在一个低信任的关系中，我们会因为缺乏信任而采取更多的保护性措施，比如要求更多的保证、签署更严格的合同等等，这样会增加交易的成本和风险。而在一个高度信任的关系中，我们可以更容易地建立信任，从而减少交易成本、降低风险、提高效率。我有个一起做HR的同事，她在面试不同的应聘者时，会准备两种试用期合同。一种条款比较严格，是给那些简历不太强，但有潜力的求职者签的；另一种条款比较宽松，是给那些面试表现好，简历也出色的求职者签的。

（3）信任是拥有贵人缘的基础，它可以带来更好的人际关系，提升幸福感。在一个高度信任的环境中，我们更容易建立起良好的人际关系，相互尊重和信任。我有个做客户经理的朋友，她就是用信任公式来赢得客户的信任，最后成功签了合同。她总是及时回复客户的提问，保证服务的连续性和一致性；分享自己行业里的专业知识，显示出她对产品或服务的熟悉。她还会根据每个客户的特点提供服务，记得客户的喜好和需求。她一直都很真诚，遇到问题也会直接和客户沟通。

在职场上，拥有较高的信任，能让你的晋升之路更迅速。我有个在销售部门工作的同事，因为他总是能超额完成销售目标，而且他的市场分析报告做得又快又准，所以领导特别信任他。这样一来，他在公司里就能自己做更多决定，得到更多的资源倾斜，职业发展的机会也更大。原来的销售部经理升职后，他直接连升两级，接替了销售部经理的位置。

三、如何建立强大的社交圈，让人际关系更紧密？

信任公式不需要你精确地打分，需要你有这个概念。在这个公式中，显而易见的是，如果分子大分母小，那么信任度就会高。想办法提高自己的胜任力、可靠性和亲密度，降低自己的自私度，你就能赢得信任了。

在地产公司工作的时候，我负责过一个非常重要的项目，还与监事会主席合作过。那次，我们这些区域的人力资源负责人要去集团那边交流学习。很多HR都觉得这不过是走个过场，去认识认识人，拉拉关系。但在我看来这是个和集团高层建立信任的好机会。我也确实抓住了这个机会，我具体是这么做的。

胜任力方面，我主动承担了集团人力资源大会的策划工作，把它当成展示自己实力的机会。可靠性方面，我对策划方案特别上心，一遍遍地修改，对已经出现的问题，和有可能出现的问题，我都提前准备了应对方案。亲和度方面，我对所有人都一视同仁，不管是同事还是领导，我都不怕，主动去接近他们。自私度方面，我从不抢功劳，不炫耀自己的成绩。最后，大会办得很成功，得到了集团领导的很高的评价。通过这次大会，我很快就和很多人建立了联系，在集团里也出了名，还被集团的高级副总裁看中，后来也顺利升职了。

我们再来看一个案例，分析我这个朋友是如何使用信任公式取得团队信任的。我朋友是一名新上任的项目经理，他需要快速在团队中建立信任，以便更有效地领导项目。

- 胜任力：在团队会议中，他展示了项目领域的专业素养，通过分享行业最佳实践和案例研究来赢得团队的尊重。

- 可靠性：他为项目设定了明确的时间表，并确保每个阶段的任务都能按时完成。即使遇到延误，他也会提前通知团队，并提供解决方案。

- 亲密度：他通过一对一的会谈了解团队成员的职业目标和遇到的挑战，这帮助他与团队成员之间建立了紧密联系。

- 自私度：他在每个阶段的进度汇报中，都会将团队成员所做的贡献报告给老板。其间，两个实习生因表现优异提前转正，其他成员也得到了应得的奖金。

过了几个月，他带的团队开始相信他的领导能力。团队成员知道，他总能按时完成任务，而且还尊重他们的专业，关心他们的成长。通过坦诚地交流和真心地相处，我的朋友在团队里建立起了信任。

正如孔子所言："民无信不立。"其实我们每个人都有座无形的信任银行，你和他人的关系就是你的信任账户。你往这个账户里存的钱越多，你的信任账户余额就越充足；反之，则越来越少。当你的存钱多于取钱，你们的信任关系就比较和谐；当你取钱多于存钱，你们之间就会有信任危机。学会了这个法则，你的信任账户会越来越富足而充盈，你的贵人也会很快来到你身边。用信任的力量来照亮我们前进的道路，希望我们都能获得成功和幸福。

【升维时刻】

1. 信任是如何建立的?
2. 如何测量和提升信任?
3. 如何在生活和工作中运用信任公式?

06

用领导力帮自己成功，帮他人成长

请你带着这些问题阅读：

1. 只有领导者才需要领导力吗？

2. 领导力如何养成？

3. 怎样通过5E模型提升领导力？

“如果你想造一艘船，你先要做的不是催促人们去收集木料，也不是忙着分配工作和发布命令，而是激起他们对浩瀚无垠的大海的向往。”法国作家安东尼·德·圣-埃克苏佩里在《小王子》中的这段话诠释了领导者的关键能力——领导力。

我有个同事，她特别聪明，面对职场上的各种挑战和压力，她没有被动应付，而是给自己定了个实在的职业小目标，并且动手做了个超详细的成长计划。每天下班后，她都会抽时间学点新东西，不管是软件操作还是沟通技巧，一样不落。更难得的是，她不怕别人说她哪里做得不够好，反而主动找领导、同事寻求意见，然后根据大家的反馈，灵活调整自己的工作方法和计划。就这样，一步一个脚印，不到一年时间，她就因为能力出众，得到了晋升的机会，真是让人佩服得五体投地！

其实，领导力和职位高低没有必然联系，真正要锻炼领导力的方法是从领导自我开始。很多人在学生时代已经开始用领导力领导自我了，比如制订写作业的计划、学习计划等。领导力的养成有以下几个阶段：领导自我——领导团队——领导组织。领导力不仅仅运用在管理团队上，也能运用在个人成长领域。在这一节里，我将给你一份卓越团队的使用说明书，让你增加领导力，带领团队走向成功。

一、团队管理秘籍助你成己达人

谈到领导力，在工作中令我受益匪浅的是5E领导力模型，它揭示了领导力中的五个原则：共识目标&使命必达（Envision）、目标授权&任务分配（Engage）、激励团队&激发动力（Energize）、助力成长&授人以渔（Enable）、知人善任&人才涌现（Election）。它不仅是一种领导团队的方法论，更是一个强大的工具，可以帮助领导者提高领导能力和管理团队的能力。（如图14所示）

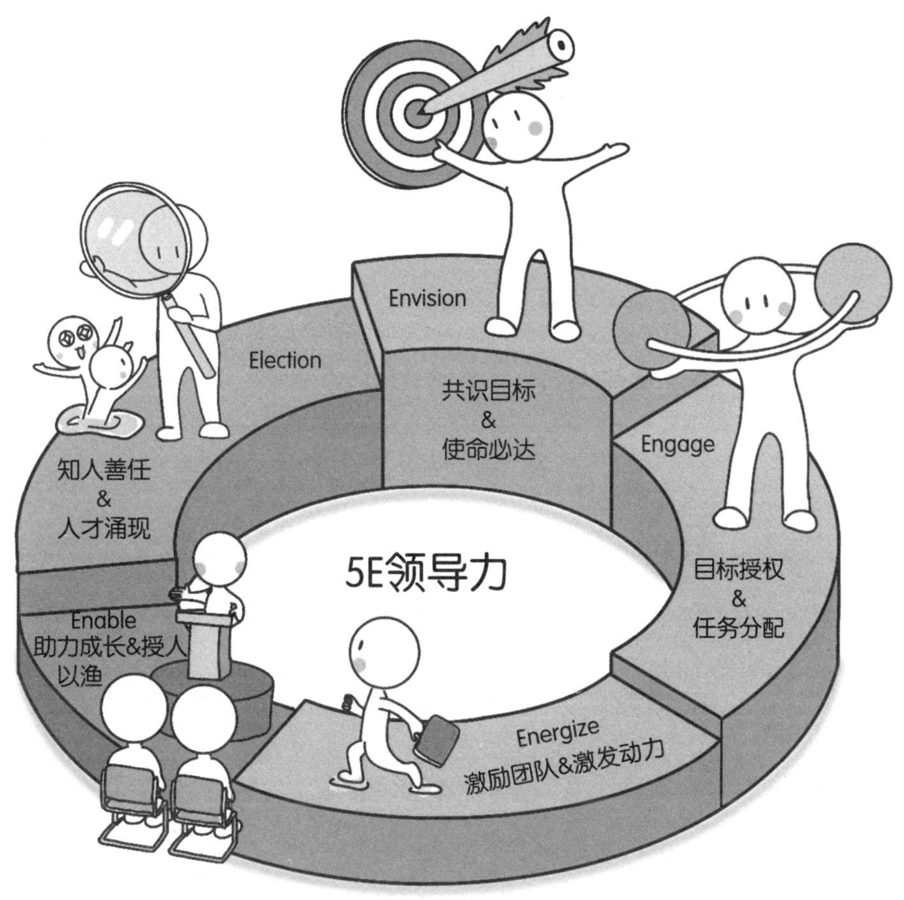

图14　5E领导力

我在长江商学院参加的专门为女性领导者设计的“长江隽永——女性领导力项目”课程中就有这个秘籍。它让我从一个什么都不懂的新手小白，一步步走到了现在的管理岗位上。不管是我自己学习进步，还是带着团队一起成长，这个秘籍都像是我的导航仪。现在回想起来，也是多亏了它，我在职场上才越走越稳，越干越有劲！

杰克·韦尔奇说：成为领袖之前，成功是关于自我成长；成为领袖之后，成功是帮助他人成长。不论我们在工作中，还是生活中，这些原则都可以应用到各种场景中，帮助我们成为更好的领导者，带领自己的团队走向成功。

二、如何培养卓越领导力，提升团队效能？

1. 共识目标&使命必达

约翰·麦克斯韦尔说：一个好的领导者知道如何引领团队朝着共同的目标前进。好的领导者从一开始就与团队共同构想未来的愿景，制定并传达清晰的目标和使命。他们懂得如何与团队达成共识，激励每个人朝着共同的目标前进。

这不得不让人想到彼得·德鲁克在他的著作《管理的实践》中提到的那个寓言。有一位旅行者来到一个工地，看到三个石匠在工作。旅行者问第一个石匠在做什么，他回答说："我在养家糊口。"旅行者问第二个石匠同样的问题，他回答说："我在做全国最好的石匠活儿。"当旅行者问第三个石匠时，他回答："我在建造一座大教堂。"

这个故事强调了对工作赋予意义和目标的重要性。第一个石匠只把工作视为谋生的手段，第二个石匠只看到了个人技艺，而第三个石匠则把自己的工作与更崇高的使命联系起来，他认为自己不仅仅是在砌墙，而是在参与建造一座大教堂，他看到了更远大的目标。

一个真正有远见的领导者会激发团队成员的使命感，让团队成员理解工作不仅仅是为了财富，而是在实现更大的目标。这种激励和共同的使命感可以极大地提升团队的凝聚力和工作动力。

2. 目标授权＆任务分配

每个人的时间都很宝贵，在现实中，管理者需要做的是将时间用于更有价值的事情上，比如思考战略、制定目标。因此“透过他人达成目标”就变得格外重要。乔布斯作为苹果的CEO，通过目标授权，让团队自己去负责开发新产品。他不插手具体的事情，而是确保每个团队都知道自己的目标和时间限制，最终成功推出了iPod、iPhone等革命性产品。管理者就像乐队指挥，让团队里的每个人像演奏不同乐器的乐手一样，一起合作，创造出美妙的音乐。那到底如何授权呢？我从过往的团队管理经验中总结了“授权八步法”。（如表16所示）

表16　授权八步法

步　骤	主　题	内　容
第一步	选对事	哪些事可以授权？ 哪些事不可以授权？
第二步	选对人	哪些人可以授权？ 哪些人不可以授权？
第三步	陈述意义	说明任务背景、重要性 激发下属内在使命感

续表

步　骤	主　题	内　容
第四步	界定任务	详细告知工作范围、预期进度、要求结果
第五步	知会各方	通知与工作相关的人士 使下属行使权力名正言顺
第六步	指导支持	如果下属没有经验或缺乏信心，提供培训指导支持
第七步	报告进度	保证工作过程反馈信息通畅 例行汇报
第八步	任务验收	总结复盘，评估成果 按绩效奖励或惩罚

除了在工作上，我们在生活中也可以运用这个方法。例如，今年我打算写一本书，为了完成这个目标，我请了一位经验丰富的写作教练来帮我策划内容和制订写作计划。教练教会了我很多写书的技巧，还经常给我提供专业的建议和反馈，确保我不会走弯路。同时，我还加入了一个作者群，里面的人都在写书，大家互相竞争，也互相鼓励，还能彼此监督。在群里，我得到了很多正向的反馈。当我因为累或者遇到困难想放弃时，是这些伙伴给了我支持和鼓励，给了我力量，帮我挺过了难关，让我坚持了下来。一个人走得快，一群人走得远。在生活中学会运用“授权八步法”，会给你带来意想不到的效果。

3.激励团队＆激发动力

人生哪有一帆风顺，难免会跌入低谷，我也不例外。在别人眼里，我自小学习成绩好，顺利考上好大学，毕业后直接进了世界五百强之一的大公司，工作也一直很顺利，好像人生特别顺风顺水。但其实我也遇到过低谷，尤其是在我从传统的房地产行业转到互联网公司的时候，遇到了很大的挫折，我感到很迷茫，开始怀疑自己，甚至想要放弃。不过，因为我一直在做人力资源的工作，我就试着把那些用来激励员工的方法用在自己身上。最终我通过应用领导力5E原则中的"激励团队＆激发动力"成功地走出了情绪低谷。

我在低谷期喜欢看一部纪录片叫《千古风流人物》，它讲了我们国家古代一些名人的生活故事，既有意思又鼓舞人心，给了我启发和力量，让我有了重新振作的勇气。

组织需要激励，员工需要激励，自己更需要激励。但是激励自己不是一蹴而就的事情，而是日复一日的努力过程。每天给自己一些小的动力，保持积极向上的心态，你就会渐渐走出低谷，有信心迎接新的人生挑战。

4. 助力成长＆授人以渔

汤姆·兰比斯说：领导力是发现个体的价值，并帮助他们发现自己。成功的领导者不应该只是简单地发号施令，而是会寻找机会赋能员工，帮助他们树立信心、克服困难、突破自我。

蒂莫西·加尔韦在著作《内心游戏》中系统地探讨了教练的本质和教学方法。在书中，他强调了以下关于教练的本质，教练这个角色同时也是领导者扮演的众多角色之一。

加尔韦认为，每个人内在都有巨大的潜能，而教练的角色是帮助个体唤醒内心的巨人。他强调教练不是来传授知识，而是引导学习者自己发现问题和解决问题，激发他们内在的学习动力和创造力。谷歌领导者桑达尔·皮查伊通过提供“成长工程”等内部培训项目，帮助员工提升技能和职业水平。此外，谷歌的“20%时间”政策允许员工将部分工作时间用于自己感兴趣的项目上，这一做法激发了员工的创造力，促进了个人和公司的创新，Gmail和AdSense等产品的诞生就得益于这个政策。

5. 知人善任&人才涌现

人们常说：“千里马常有，而伯乐不常有。”优秀的领导者善于发现团队成员的优势和潜力，并将他们放在适合的位置上发光发热。我有个朋友在一家科技公司上班，他们公司的大老板在重新安排团队的时候，发现了几个技术很好但没什么管理经验的年轻人。他没有按照资历晋升，而是看每个人擅长什么，有什么样的潜力，然后把他们放到合适的管理位置上。一开始，有些老员工对这个决定不太满意，但后来这些年轻的管理者做得非常好，团队的表现也优异了很多，大家都觉得大老板看人看得准。

领导力是用爱和智慧，影响和激发别人能力的艺术。拿破仑认为：领袖就是一个贩卖希望的商人。这里不仅仅是别人，也包括自己，希望大家都能了解和运用5E领导力模型这个创造卓越团队的使用说明书，激发自己与团队的活力和能量，赋予团队成员信任和责任，激发其内在源源不断的动力，使命必达。

【升维时刻】

1. 你的人生使命、5年规划、今年规划各是什么呢？

2. 身处人生低谷的时候，你会如何激励自己快速走出困境？

3. 在一个艰难的任务面前，你会如何寻求他人帮助并最终完成任务？